POEZII PENTRU INIMA TA

Volumul III

'' O carte scrisa, este sufletul celui care-o scrie; prin ea isi exprima trairile si sentimentele '' - Stefania Rotariu.

Author of the Poezii pentru inima ta.

Stefania Rotariu

Published by Dolman Scott in 2014
Copyright ©2014 Stefania Rotariu

All rights reserved. No part of this publication may be reproduced, stored in a retrieval system, or transmitted in any form or by any means, electronic, mechanical, photocopy, recording or otherwise, without prior written permission of the copyright owner. Nor can it be circulated in any form of binding or cover other than that in which it is published and without similar condition including this condition being imposed on a subsequent purchaser.

ISBN 978-1-909204-40-9

Dolman Scott Ltd
www.dolmanscott.co.uk

A poposit speranta

A poposit speranta,
Cu bucurii nemarginite.
Gata, voi arunca tristetea,
Ce sta in mintea mea cuminte.

Vine-o alta viata,
Cu bucurii, sperante,
Si-nlatura o ceata,
Ce lumina o imparte.

Primavara asteptata,
S-a ivit in viata mea,
Si-o iubire nepatata,
Va inlatura durerea.

A venit timpul

A venit timpul sa-ti spun la revedere.
A venit timpul sa ma bucur in tacere.
Am suferit atat de tare,
Ca ochii nu mai au culoare.

Si buzele s-au ofilit,
De cate lacrimi s-au pierdut,
Din viata fara de valoare,
O viata stinsa, care doare.

A venit timpul sa-ti spun la revedere,
Si nu ma bucura, nu-mi da placere,
Dar timpul s-a schimbat acum,
Ma poarta pe-alta cale, pe-un alt drum.

A venit timpul sa-ti spun la revedere,
Chiar daca inima nu-mi cere.
Dar nu-i dau inimii-ascultare,
Ma risipesc in lumea mare.

A venit toamna

A venit toamna,
Iar frunzele cad,
Se-mprastie pe iarba,
Verdelui cald.

A venit toamna,
Pe bancute cad flori,
Se-ntinde mantaua,
In mii de culori.

Tabloul cuprinde,
Pajisti, carari,
Mirific se-aprinde,
Pamantul in zari.

Iar vantul adie,
Hoinar, calator,
Si poarta alene,
Frunzele-n zbor.

Adanca

Adanca este valea sapata,
Ce duce catre tine frumoasa fata.
Te-ai contopit incet cu zarea,
Si nu-ti gasesc nemarginirea.

Te-ai imprastiat pe-o lume,
In care numele tau apune,
Si m-ai atins cu rasuflarea,
Iubirii aspre ca si marea.

Privirea ti-a-nghetat de-odata,
Sa nu mai vezi frumoasa fata,
Ochii in lacrimi de margaritar,
Ce te privesc mai rar, mai rar.

Mi-e mintea inca obosita,
Si plina de-ntrebari, nelamurita,
Nu pot dragostea-ti s-o pierd,
Vreau s-o pastrez, s-o tin in piept.

Adorm cu tine

Adorm cu tine-n gand,
Si-n vis te regasesc,
Esti vesel si petreci razand,
Apoi dispari cand ma trezesc.

Te pierzi odata cu visul,
In negura trecuta-a noptii,
Si-mi lasi in urma doar surasul,
Ma lasi in mana sortii.

De plang, plansul ramane-n mine,
Si nimeni nu-l poate auzi.
Se-aduna lacrimi si suspine,
Se-aduna acolo zi de zi.

Ai grija de inima ta

Ai grija de inima ta,
Si n-o darui oricui.
Va fi o vreme cand oboseala,
Se va-nfige ca un cui.

Ai grija de inima ta,
Si nu lasa tristetea,
Sa-si faca cuib in ea,
Si sa-i manance tineretea.

Ai grija ca inima ta,
Sa primeasca zilnic fericirea.
Inlatura sageata,
Ce-i poate-aduce pieirea.

Ai vazut-o plecand

Ai vazut-o plecand,
Cu ochii tristi si goi,
N-ai spus nimic crezand,
Ca se va-ntoarce inapoi.

Dar viata punte a sapat,
Intre uitare si durere.
Ea a plecat, tu n-ai uitat,
Si ochii plang doar in tacere.

Vin sarbatori si bucurii,
Se-astern in multe case.
Ai vrea sa ai cu darui,
Dar darurile stau pe masa.

Alina iubire

Alina iubire, alina,
Gandul ce zboara spre tine,
Si fa din el o gradina,
In care sa traiasca, sa respire.

E-un gand de pace-al tau iubire,
Un gand ce trebuie ascuns,
De clipele de ratacire,
Sa nu-l atinga, sa nu fie distrus.

Sub umbra pomilor,
Sa se adaposteasca,
Sa soarba roua zorilor,
Sa prinda viata, sa traiasca.

Am ales

Sentimente curate-am ales,
Sa pun pic cu pic,
In viata care are sens,
Si n-are de pierdut nimic.

Am ales cuvinte,
Sadite-n inima curata,
Ce nu vor fi pierdute,
In vremea grabita si uitata.

Am ales ganduri si soapte,
Adapostite in nopti si zile,
In inima care se zbate,
Pentru-orice gand, orice zvacnire.

Eu pot sa spun ca am ales,
Cand zorii vietii se arata,
Si viata-i plina, are sens,
E-o viata de mult asteptata.

Am asteptat un semn

Am asteptat un semn,
Un mic semn de la tine,
Spre gandul care-l chem,
Spre gandul ce as vrea sa ma aline.

Dar te-ai inchis in carapacea,
Uitarii care traieste pentru sine,
Si-ncet, incet ucide pacea,
Care se naste si se naste-n mine.

Am asteptat sa-mi spui,
Cat ma iubesti,
Dar mintea-ti umbla si nu stii,
Iubirea sa o daruiesti.

Tu crezi ca dragostea,
Traieste-n locuri,
Intre a vrea, sau nu a vrea,
In a primi si-a da in salturi?

Dragostea-i fructul care,
Il cauta si-l doreste,
Orice om, orice suflare,
Fara sa stie unde este.

Am cautat lumina

Am cautat lumina,
Pe cai uitate candva,
Stiind ca o sa vina,
Lumina-n viata mea.

Am cautat odihna,
Si linistea deplina,
O viata traita-n tihna,
Fara urma de rutina.

Am cautat iubirea,
Ce sta obosita si-astepta,
Sa-si traiasca nemurirea,
Intr-o viata fermecata.

Si-am daruit iubirea,
Si-am daruit inima,
Cautand bucuria,
Ferecata undeva.

Am fugit de tine

Am fugit de tine, singuratate,
Iar tu, pe mine ca un scai,
Te-ai prins usor pe spate,
Si-acolo, acolo lipita stai.

Nu te mai misti,
Nu vrei sa-mi dai ragaz,
Nu stiu cat mai rezisti,
Nu stiu, pe unde sa te las.

Incerc cu mana sa te-ating,
Usor sa scap de tine,
Dar nu ma lasi ca sa te prind,
Ca-ti place langa mine.

Si intr-o zi, m-oi dezbraca.
Te-oi arunca departe,
Sa nu mai vii in calea mea,
Sa nu mai faci din mine parte.

Am imprastiat

Am imprastiat pe masa tacerii,
Gandurile care nu demult,
Au stat de veghe durerii,
In care-am plans si am zacut.

Iar mainile-mi grabite,
Pe tine te-au cules,
Te-au pus in fericite clipe,
Ti-au dat o muzica si-un vers.

Si i-am cantat oda iubirii,
Iubirii ce traia odata,
Si-am uitat de clipa despartirii,
Am pus-o-n amintirile de altadata.

Am invatat sa sper

Am invatat sa sper,
Cand speranta m-a parasit.
Am invatat sa sufar,
Cand suferinta a venit.
Am invatat sa iubesc,
Cand nu eram iubita.
Am invatat sa uit,
Cand uitarea, era atat de urata.
Am invatat sa daruiesc,
Cand lipsita-m fost de toate.
Am invatat sa plang,
Cand nu plangeam pentru mine.
Am invatat rad,
Cand ma bucuram pentru altii.
Am invatat sa am rabdare,
Cand timpul imi era impotriva.
Am invatat sa traiesc cu mine,
Cand singuratea era in preajma.
Am invatat sa pretuiesc,
Tot ce uram odata.
Am invatat ca omul,
Nu va fi niciodata cu tine,
Iar daca nu inveti sa fii puternic,
Nu vei invata, ce-i rau sau bine.

Am obosit

Am obosit sa caut si s-ascult,
Doar ecourile pierdute,
Ce se aud din cand in cand,
A unei vieti, de mult trecute.
Sa caut si sa caut,
Un drum ce s-a pierdut,
In invalmaseala de demult.
Am obosit sa privesc zarea,
Cu ochii ce cauta chemarea,
Ascunsa-n mana sortii.
Am obosit sa stiu ca exista,
O viata nu prea trista,
Undeva de unde-am venit,
Iar zilele s-au scurs,
S-au imprastiat in infinit.
Mai zace dorinta-n mine,
Sau doar ii place sa se joace,
Iar boarea de tristete,
Ce-ascunde cerul meu,
Va prinde norul gri al vietii,
Sau se va face-un curcubeu?

Am plans pentr-o iubire

Am plans pentr-o iubire,
Ce-am lasat-o sa plece,
Si stiu, stiu ca nu revine,
Iar inima-mi sta trista si rece.

Am plans pentru ce nu sunt,
Pentru ce-as vrea sa fiu,
Dar viata nu este doar un cant,
Si uneori, se mai transforma si-n pustiu.

Am plans, caci plansu-mi face bine,
Si lacrimi sarate-am gustat,
Lacrimi ce s-au scurs pentru tine,
Si n-o sa plang inca-odat'.

Te-am vazut,
Si inima-mi s-a bucurat.
Te-am pierdut,
Si inima trista sade ne-ncetat.

Am fugit de-a ta iubire,
De mine si ceea ce sunt,
Si am fugit, am fugit in nestire,
Pe tine sa pot, sa pot sa te uit.

Am renuntat

Am renuntat de-a mai gandi,
La lucrurile desarte.
Am cautat in a primi,
Numai si numai nestemate.

Si mi-am clatit inima,
De amintirile trecute,
Ce-au fost parte candva,
Si-au fost atat de multe.

M-au coplesit dureri si bucurii,
Si am pierdut, am castigat,
Si-am invatat cum trebuie sa fii,
Ca sa alegi gandul curat.

Am despicat viata,
In mii si mii de ganduri,
Si am primit in inima povata,
Ca oamenii citesc doar printre randuri.

De ai dreptate,
Ei nu iti vor spune,
Iar dac-un drum te-abate,
Vor arunca cu vorbe-n tine.

Am scris pe-o inima

*Am scris pe-o inima cuvinte,
De dragoste si dor.
Mai simt si-acum fierbinte.
Atingerea firava-a lor.*

*Am scris multe cuvinte,
Si m-am hranit cu seva dulce,
Primind puterea sa merg-nainte,
Pe drumul gol, care ma duce.*

Am vrut sa schimb

Am vrut sa schimb o dragoste,
S-o arunc, sa scap de ea.
Se prinde de mine ca o pacoste,
Sa plece, nici macar nu vrea.

Am vrut sa schimb o fata,
Si ochii de smarald,
In care ma rasfata,
Atunci cand trista cad.

Am vrut s-arunc departe,
Ce inima mereu ascunde,
Straine si recile soapte,
Imprastiate pe nu stiu unde.

Sa nu privesc in noapte,
La stelele pe cer,
Ce stau imprastiate,
In vesnicul mister.

Sa nu soptesc un nume,
Ce-mi bea in dimineata,
Sarutul ce n-apune,
Ma bucura si-mi da viata.

Apa curgatoare

Apa curgatoare,
Izvor bland, zburdalnic,
Curgi mereu la vale,
Uneori napraznic.

Duci cu tine-n cale,
Vorbe sursurate,
Vorbe de iubire,
Vorbe presarate.

Si-n oglinda care,
Te cuprinde-ntruna,
Iei cu tine-n vale,
Soarele si luna.

Nu ai oboseala,
Duci mereu in lume,
Din zori pana-n seara,
Bucurii, suspine.

Apa curgatoare,
Proaspat izvoras,
Da-mi a ta racoare,
Fa-ma-un copilas.

Stefania Rotariu

Sa zburd, sa te-mprastii,
Peste corpul meu.
Sa salt ca si pestii,
Dintr-un elesteu.

Apleaca-ti inima

Apleaca-ti inima sa-i simt bataia,
Si cantecul ce-l deapana mereu.
Sa-i simt aproape valvataia,
Care-i vorbeste sufletului meu.

Si-mi spune ca iubirea-i trecatoare,
Chiar uneori dulce povara,
Te prinde-n mreje si te-ndoaie,
Ca salcia batuta de ploaie-n primavara.

Este vre-un leac ce poate osandi iubirea,
O vorba magica ce poate usura,
Clipele-n care dezamagirea,
Intra, se-aseaza-n viata ta?

Are viata?

Are viata vreo valoare,
Daca tu nu esti in ea?
Pentru ce traiesc eu oare,
Pentru ce, dragostea mea?

Pentru ce al soarelui rasarit,
Apune noaptea departe, departe,
Si-al naiului cant,
Vorbeste despre-ale iubirii soapte?

Iti patrunde in fiinta,
Care vine, rascoleste,
Da tarcoale si cainta,
Te umple si iti vorbeste.

Ascult cantecul naiului

Ascult cantecul naiului,
Ce rasuna suav si cald,
Si ma poarta-n radacinile neamului,
Din care exist, din care ma trag.

E-un neam c-o istorie batrana,
In care trecutul se tese,
Cu file din gloria strabuna,
A chipurilor darze si marete.

Si lin cantecul ma poarta,
Prin muntii inalti si poteci,
Unde buciumul rasuna odata,
Chemandu-i la lupta, pe bravii viteji.

Stefania Rotariu

As vrea

As vrea sa-nchid ochii,
Sa ma pierd in valsul pasilor,
Sa plutesc peste stropii,
Revarsati din gramada norilor.

As vrea sa m-amestec cu fulgii,
Ce coaboara lin peste ceruri,
S-alerg in viteza ca lupii,
Prin padurile pline de misteruri.

As vrea sa zbor ca pasarile,
Sa vad oamenii-n lanuri,
Sa ma pierd odata cu zorile,
Ce vin si bat pe la geamuri.

As vrea sa fiu un suflet calator,
Sa poposesc unde mi-e cald si mi-e bine,
S-ajung cu mana pan' la nor,
Acolo, sa te gasesc pe tine.

As vrea sa daruiesc

As vrea sa daruiesc lumina,
Cand intunericul strabate,
Peste viata mea cea plina,
Peste ganduri, peste fapte.

As vrea sa daruiesc lumina,
Cand inima se zbate,
Cautand o apa lina,
Din ea sa se adape.

Si-as vrea s-apuc lumina,
Sa nu ma zbat vreodata,
In viata grea si plina,
Ce trece-n fuga si nemasurata.

As vrea sa-i vorbesc timpului

As vrea sa-i vorbesc timpului,
Sa-i spun sa sada-n loc.
As vrea sa-i arat nemarginitului,
Ca viata mea nu e un joc.

Nu am puteri ca sa doboare,
Esenta timpului ce zboara.
Si viata mea-i tot calatoare,
Fara o clipa de zabava.

Eu caut, ma pierd intr-o lume,
Ce-i plina de splendoare.
Am invatat rele si bune,
Am invatat sa-i dau vietii culoare.

Nu caut lucruri mari si bogatii,
Ce le mananca molii,
Caut o viata intre mii,
Caut, puterea iubirii.

As vrea sa plec

As vrea sa plec, sunt obosita,
Dar stau un pic, mai stau o clipa,
Sa ma infrupt din aceasta lume,
Ce m-a iubit, mi-a dat un nume.

Atat de mare mi-e chemarea,
C-am zabovit si am uitat cararea,
Pe care-as vrea sa ma rasfir,
Ca si petalele de trandafir.

Sa las o urma ici, colea,
Sa stie despre mine lumea,
C-am fost un fir de floare rara,
Sfintit de mandra primavara.

Atat cat ai fost

Atat cat ai fost,
Si-atat cat am fost,
A fost frumos, tare frumos.
Iar clipele minunate,
S-au sfarsit pan' la urma toate,
Fiindca doar asa a fost.
Dar inima le stie toate,
Si-aduna numai nestemate,
Durerea o transforma-n vis,
Iar visul se petrece-n noapte,
O noapte grea, ce ne desparte.

Atat de mica

Atat de mica,
Atat de mica este inima mea,
Si totusi,
Totusi tu incapi in ea.

Atat de ranita,
Este inima mea,
Ca zace uneori,
Nu cere nimic, nimic nu mai vrea.

Ce poate-atinge,
O inima calda, blanda,
Cand zace si plange,
Fara s-o franga?

Bat la usa inimii

Bat la usa inimii tale,
Si vad o luminita-aprinsa.
Incerc, incerc sa bat mai tare,
Dar mai apoi lumina-i stinsa.

O clipa am crezut,
Ca usa sta deschisa,
Si tu in ea ai aparut,
C-o mana spre mine-ntinsa.

Si bat, bat din nou,
La usa inimii tale,
Si-aud incet doar un ecou,
Pierzandu-se departe-n zare.

Apoi, tristetea lin coboara,
Si stinge dorul catre tine,
Era un vis, iar viata solitara,
Se-asterne iarasi peste mine.

Buna dimineata

Buna dimineata, soare!
Te-ai coborat in viata mea,
Sa-mi aduci binecuvantare,
Sa-mi improspatezi privirea.

Si zambetul mi l-ai cules,
L-ai transformat in primavara,
Iar gandului i-ai dat un vers,
Ce-l canta din zori si pana-n seara.

Buna dimineata, soare!
Tu ma iubesti si te iubesc,
Iti dau inima mea mare,
Cu tine vreau s-o impartesc.

Cand ai plecat

Cand ai plecat,
Un gol imens,
S-a revarsat in mine,
Si-n lacrimi am jurat,
Cat voi mai fi si cat traiesc,
Sa nu mai fug de tine.
Cand ai venit,
Inima-mi canta-n bucurie,
Si lacrimile au pierit,
Nu mai cunosc cuvantul agonie.

Cand ingerii privesc

Cand ingerii privesc,
Oare ce-ar putea spune,
Vazand cat te iubesc,
Vazand ca esti a mea minune?

Ar pune aripi,
Peste-a noastra iubire,
Pecete peste inimi,
Sa fie dragoste-n nestire.

Caci ingerul e-o bucurie,
Si hrana pentru lacrimi,
Zambetul lui e apa vie,
Si-atingerea-i da aripi.

Cu mana-i calda si usoara,
Atinge crestetul curat,
Si da mireasma-n primavara,
Si dragoste revarsa ne-ncetat.

Iar cand iubirea se coboara,
In sufletul cel minunat,
El tot petrece pana-n seara,
Ca-i bucuros si impacat.

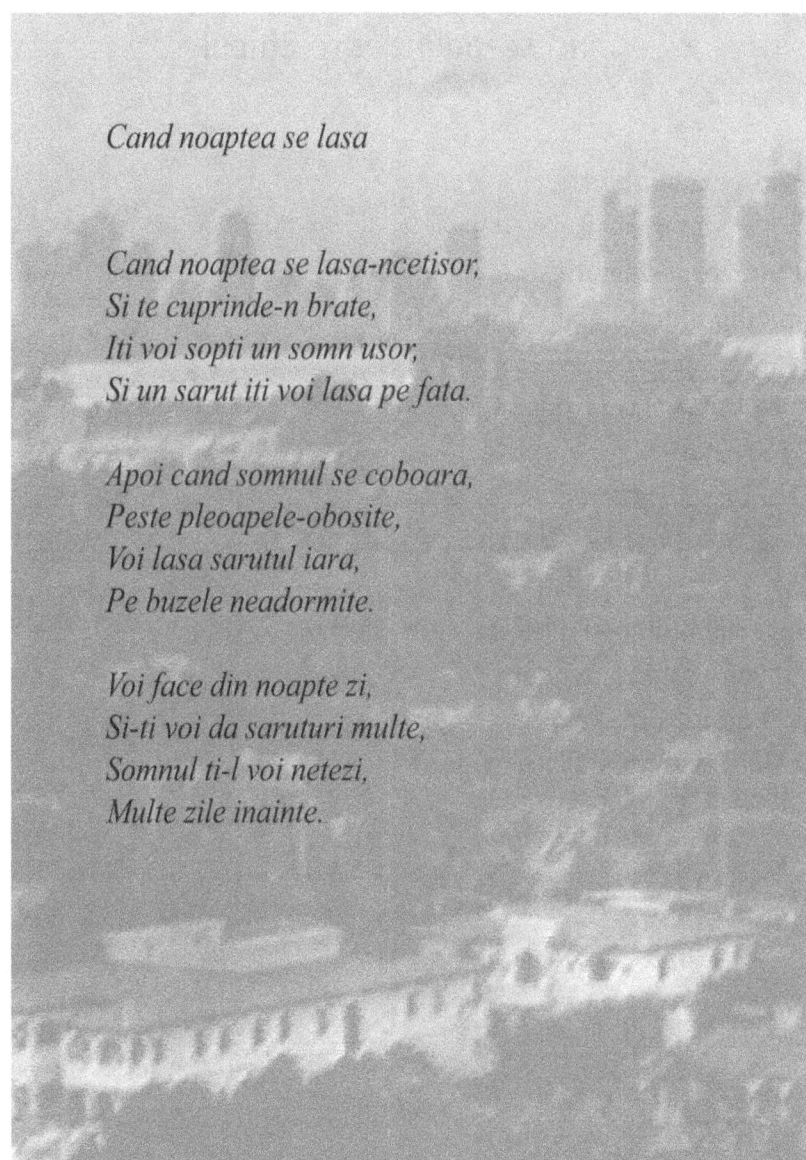

Cand noaptea se lasa

Cand noaptea se lasa-ncetisor,
Si te cuprinde-n brate,
Iti voi sopti un somn usor,
Si un sarut iti voi lasa pe fata.

Apoi cand somnul se coboara,
Peste pleoapele-obosite,
Voi lasa sarutul iara,
Pe buzele neadormite.

Voi face din noapte zi,
Si-ti voi da saruturi multe,
Somnul ti-l voi netezi,
Multe zile inainte.

Cand se-oglindeste chipul

Cand se-oglindeste,
Chipul tau in mine,
Si viata-mi daruieste,
Darama clipele scaldate in ruine.

Cand in umbra te asterni,
Calauzindu-ma in noapte,
Stiu ca astepti si inca speri,
In viitorul care nu-i departe.

Cand somnul mi-l alini de multe ori,
Si stai veghind aproape,
Stiu ca esti steaua ce cobori,
Sa-mi dai o sarutare-n noapte.

Cand tristetea

Cand tristetea ma afunda,
Si incepe sa-mi cuprinda,
Zambetul, ochii,poezia,
Las' sa vina fantezia.

Sterg o umbra de tristete,
Care vine sa ma-nghete,
Si-nlatura bucuria,
Imi ascunde armonia.

Fug departe-n alta lume,
Unde bucuria nu-mi apune.
Caut sa gasesc o alintare,
Sa-mi indrepte-a mea carare.

Si aduc doar cantec, vise,
Las portitele deschise,
Catre-o inima ce-asteapta,
Ca sa fie mangaiata.

Canta-o melodie

Canta-o melodie,
Sub cerul plin de stele,
Ti-e destinata tie,
Iubirea vietii mele!

E cantecul trairii,
A inimii valtoare,
Si-mprastie fiorii,
Repezi, ca stropii mari de ploie.

Patrund putin , cate putin,
Si-nseala-a inimii simtire,
Te-mbata mai rau ca un vin,
Cand bei si bei in nestire.

Cat esti de mare

Cat esti de mare!
Daca toate ti se-nchina,
Cum poti sa spui ca n-ai valoare,
Cum poti sa spui, ca esti doar o neghina?

Cand toate tie s-au supus,
De la pamant pana la ceruri,
In mana toate ti le-a pus,
Un Dumnezeu plin de misteruri?

Da drumul plinatatii tale,
Si construieste, nu muri,
Caci poti sa-i dai vietii valoare,
Tu esti doar, omul cel dintai.

Ce-ar fi?

Ce-ar fi de n-as cunoaste suferinta?
As fi ca o floare neudata de ploaie,
Mi s-ar pierde-n van vointa,
N-as mai simti o lacrima ce doare.

Inima mea ar fi ca o piatra,
Ce-ar lovi fara de mila,
N-as intelege ca omul iarta,
As merge-nainte, fara sa fiu umila.

N-as mai cunoaste ale iubirii fiori,
Ce-ti dau putere, te ridica,
N-as mirosi parfumul unei flori,
Ce te imbie intr-o clipa.

As pierde esenta unei vieti,
M-as pierde cu nemarginitul,
Acestei lumi in care-nveti,
Ce-i inceputul, dar nu mai stii sfarsitul.

Ce este poetul ?

Ce este poetul,
Doar bucurie si-alinare?
Deschide sufletul,
Si spune ca inima nu doare?

Este lipsit de vreo placere,
Cand inima se lasa,
Pierduta in tacere,
In viata tumultoasa?

Iar lacrimi ce se pierd,
De unde curg siroaie,
Inunda inima in piept,
O stinge si o-nmoaie?

In el arde lumina,
Si arde ne-ncetat,
Cand mintea-i senina,
Nu doarme, n-are pat.

Imprastie cu mila,
Tot ce l-a macinat,
Si lacrima-i suspina,
Caci tare,tare l-a-ncercat.

Stefania Rotariu

Ce poate fi mai minunat?

Ce poate fi mai minunat,
Decat inima-mi sa bata fericita,
Lang-o inima ce-am asteptat,
Sa-mi fie daruita?

Ce poate fi mai minunat,
Decat atingerea mainii tale,
Ce m-a cuprins, m-a ferecat,
Si-mi da fiori, fiorii de placere?

Ce poate fi mai minunat,
Decat zambetul tau,
Zambet ce m-a fermecat,
Zambetul fara de care mi-e greu?

Ce poate fi mai minunat,
Decat privirea,
Ce m-a strafulgerat,
Si mi-a adus fericirea?

Ce poate fi mai minunat,
Decat dragostea,
Ce mi-ai dat-o neconditionat,
S-o simt, sa ma bucur de ea?

Nimic nu poate fi mai minunat,
Daca nu esti dimineata langa mine,
Nimic nu ma bucura ne-ncetat,
Daca viata mea-i lipsita de tine.

Ce pot sa aleg?

Ce pot s-aleg,
Din florile imprastiate,
Cum pot sa culeg,
O floare intre toate?

Culori vii si imbietoare,
Se-mprastie-n curcubeu,
Pun mana la intamplare,
Si vreau sa am, ce este-al meu.

Dar cautarea se intinde,
In anii in care-am obosit,
Si inima mereu se minte,
Crede ca este, a gasit.

Dar nu exista o poveste,
Cu finalul fericit,
In lumea asta care este,
Fara-nceput, fara sfarsit.

Stefania Rotariu

Ce poate inima

Ce poate inima cuprinde,
Speranta, tristete, bucurii?
Si-atunci cand striga, plange,
Ea poate indrepta si povesti?

Nu stiu daca puterea,
Se gaseste-n viata mea,
Sau asta-i menirea,
De-a nu-ntelege, a cauta?

Am incercat o viata tumultoasa,
Si-am fost un bun capitan,
Apoi vaporul a prins vreme furtunoasa,
Si-a tras sfaramat la mal.

Incerc sa dreg un vapor,
Ce petecit se-ndreapta spre ape,
Se misca greu si n-are spor,
Caci valuri lovesc zi si noapte.

Cine ma inspira?

Cine ma inspira,
Cand trec ore la rand,
Iar mintea sta umila,
Cuvinte cautand?

Si corpul sta lasat,
Intr-o visare continua,
De parca totul s-a-necat,
Iar viata-i o cortina?

Dincolo se desfasoara,
Un spectacol cu lumina,
Oameni trec grabiti pe strada,
Viata are farmec, este plina.

Apoi in linistea tacuta,
Coboara-un rand, apoi un rand,
Si-o poezie se aseaza muta,
Ce-asteapta-n mana s-o cuprind.

Cine nu vede, simte

Nu stiu si nu te vad,
Dar inima te simte.
Esti chiar asa cum cred,
Caci inima nu minte.

Ating buzele tale,
Si gandul ma-nfioara.
Atat de fina si de moale,
E sarutarea ta fugara.

Si ochii blanzi si calzi,
Privesc pana departe,
In ei tu ma dezmierzi, ma scalzi,
M-acoperi cu priviri si soapte.

Iar fruntea ti-o sarut de se inclina,
Cand sarutarea tu mi-o dai,
Ma faci sa simt ca sunt regina,
Care traieste pentr-un crai.

Cine poate intelege

Cine poate intelege,
O lume-atat de rece,
In care unul este rege,
Si altul cersetor se trece?

De ce atata nepasare,
Si-atata, atata durere,
Cand lumea viitor nu are,
Ci doar o anumita vreme?

Caci omul dezbracat,
Nimic, nimic n-are mai mult.
Cu ce-a venit, el a plecat,
Cu el, nimic n-a mai tinut.

Citesc in ochii tai

Citesc in ochii tai dezamagirea,
Caci ti-ai lasat usor in jos privirea,
Si nu cutezi a spune adevarul,
C-ai vrut, doar sa dezlegi misterul.

Credeai ca lumea-i o poveste,
Iar tu o fila care-n ea traieste,
Si-nchipuirea te-a purtat departe,
Nu cautai decat carari desarte.

Si-n realitate te-ai ascuns,
Fara sa ai nimic de spus,
Tacerea ti s-a cuibarit in tine,
Si ai crezut c-asa-i mai bine.

Chemarea

Cand glasul tau coboara-n noapte,
Peste coline si campii,
Se-ntind povesti pana departe,
Ca tu ai fost si vei mai fi.

Atunci fiinta ta dispare,
Se contopeste intr-un basm,
Ce-l spunem noaptea la culcare,
Despre un print care a fost.

Printesa doarme-n alta lume,
Acoperita de uitari,
Si vocea-i se transforma-n chinuri,
Sperante si lungi asteptari.

Chemarea-i este-ndurerata,
Si se-nteste tot mai mult,
Pana-ntr-o vreme-ndepartata,
Unde-a apus si a-nceput.

Chiar daca vei pleca

Chiar daca vei pleca,
Si vei pleca departe,
Sa stii ca-n urma ta,
O inima mai bate.

Iar daca-ti va fi bine,
Si stiu ca-n drumul tau,
Te vei gandi la mine,
Urmeaza-ti calea, chiar de-i greu.

Sau daca uneori,
Pasii te-ntorc spre mine,
Urmeaza-ti calea ca sa speri,
Ca trebuie sa mergi, doar pentru tine.

Si daca inima iti plange,
Si cade in suspine,
Urmeaza calea ce te duce,
Pe alte drumuri, spre mai bine.

Iar daca se va intampla,
Sa-ti fie greu,
Si viata sa te-ntoarca-n calea mea,
Voi fi aici, voi fi cu tine mereu.

Coboara noaptea

Coboara noaptea-n linistea nebuna,
Si-aduce lacrimi si suspine,
S-a intunecat frumoasa luna,
Si moare trista langa mine.

Isi pierde cate-un pic, un pic,
Din frumusetea de-alta data,
Si nu ramane mai nimic,
Din luna noastra fermecata.

Ce i-am facut nici eu nu stiu,
Doar vad tristetea ce-o doboara,
Si nu mai pot, e prea tarziu,
Sa-i fac ceva, sa n-o mai doara.

S-a prapadit sarmana luna,
Sub ploaia de tristeti grabite,
Nu va fi alta luna buna,
Vor fi doar stele parasite.

Cred

Cred, ca daca ochii-mi te-or vedea,
S-or sterge lacrimi multe.
Cred, ca de-ai veni in viata mea,
S-ar aduna zile mai multe.

Si soarele ar rasari fidel,
Imprastiind lumina,
Pe-o dragoste stiuta doar de el,
Curata, fara tina.

Iar cerul ar primi culori,
Si stele-mprastiate,
Le-am numara de multe ori,
Sub sarutari in noapte.

Iar inima s-ar odihni,
In clipe minunate,
Cand dimineata te-ar privi,
Si te-ar scalda in soapte.

Cred, ca daca

Cred, ca daca n-ar mai fi iubire,
Am inceta sa mai traim.
Nu am cunoaste cuvantul ''fericire'',
Nu am trai un sentiment sublim.

Cred, ca daca nu ar fi iubire,
Si florile s-ar ofili,
Nu ar avea culoare, stralucire,
S-ar colora in negru, gri.

Si daca n-ar mai fi iubire,
Am fi doar trupuri trecatoare,
Si am trai in nemurire,
Ca umbra care trece, moare.

De-am fi lipsiti de daruire,
N-ar exista si lacrima ce curge,
Iar inima n-ar bate in nestire,
Nu i-ar pasa de cineva, ca sufera si plange.

Iubirea vine cateodata,
Te cerceteaza daca o primesti,
Si de n-o vrei, nu vine si-alta data,
Nu-i pretutindeni sa o risipesti.

Stefania Rotariu

Cred ca stiu

Cred ca stiu leacul iertarii,
Ce se-ascunde-n inima ta,
Si nu poti sa dai uitarii,
Rana ce-a mancat din ea.

Si plangi si strigi intruna,
Nu ai putere ca sa lupti,
Si vlaga ti-a mancat-o ura,
Ce-o adapostesti, nu vrei s-o uiti.

Dar da un zambet de placere,
Pentru ce-a fost, ce am trait,
Si-ngroapa securea pierzarii,
Putem s-o luam de la-nceput?

Cum pot sa explic?

Cum pot sa explic,
Ce-ai sadit in mine,
In asa scurt timp,
Cat l-am petrecut cu tine?

O viata te-am avut alaturi,
Dar mi se parea firesc.
Acum, cand ma-ntorc in timpuri,
Stiu de-oi veni, eu nu te mai gasesc.

Mi-ai dat dragoste curata,
Prin rugaciunea pentru mine,
Sa-mi fie bine, sa fiu alintata,
De-un Dumnezeu care te-asculta pe tine.

Nici nu ti-am spus cat te iubesc,
Cand in brate m-ai tinut,
Si cat de mult eu imi doresc,
Sa-ti dau doar bucurii, sa te ajut.

Si totul dintr-o data-a disparut,
Nu mai am planuri pentru tine,
Iar viata nu mai are-acelasi ritm,
E-o viata egoista pentru mine.

Cu mana tremuranda

Cu mana tremuranda,
Pe crestet lin m-ati alintat,
Si-n viata mea plapanda,
Vesnic voi ati vegheat.

Nici lacrimi, nici durere,
Nu ati lasat s-atinga,
Zilele copilariei mele,
Sa le traiesc in tihna.

Sarut mana mama,
Sarut mana tata,
Gandul meu va cheama,
Inima v-asteapta.

Cum pot sa privesc?

Cum pot sa privesc inainte,
Cand gandul ma tot duce inapoi?
Cum pot sa uit ale tale cuvinte,
Cum pot sa uit de noi?

Buzele mele pastreaza si-acum,
Caldura ta fierbinte.
Ochii mei te cauta pe drum,
Iar inima nu poate sta cuminte.

Siraguri de lacrimi se-astern,
Pe fata ce-asteapta mangaierea,
Stau ghemuita intr-un loc stingher,
Si-astept, astept sa se sparga tacerea.

Cum poti sa-ntorci?

Cum poti sa-ntorci,
O inima pierduta,
O inima ce pentru tine,
Doar pentru tine a batut?
Cum poti sa castigi,
O inima-abatuta,
Ce doar la tine s-a gandit?
Si cauti raspunsul si-ntrebarea,
Caci lunga s-a ivit,
Mai lunga este-acum cararea.
De ce-am gandit atat de mult,
Si-n inima s-a cuibarit,
Tristetea care a crescut?
A fost prea scurta si coplesitoare,
A fost un val care-a venit,
Si-a fost un val atat de mare,
Caci inima s-a-mpotmolit.

Cum trece viata

Cum trece viata priponita,
In ganduri si purtari desarte,
Mereu, mereu e pagubita,
De-aceea omul sta in noapte.

Cum trece viata fara soare,
Acoperita de durere,
Si pierde din a ei culoare,
Devine palida si piere.

Cum trece viata fara cantec,
Si trista se coboara-n groapa,
In urma lasa un descantec,
Pentru o lume ce-i mioapa.

Tristetea prinde si doboara,
Puterea vietii ce-i pierduta,
Si nu se mai intoarce iara,
Ca-i obosita si e sluta.

Stefania Rotariu

Cunosc melodia inimii

Cunosc melodia inimii,
Cand se stinge-n tacere,
Si-am baut din stropii lacrimii,
Lacrimii ce plange fara sa spere.

Cunosc melodia tristetii,
Ce coboara lin si cuprinde,
Fara sa dea ragaz libertatii,
De-a alege si de-a nu plange.

Cunosc tot ce-i trist,
In urma tristetii,
In urma vietii-n care exist,
Si sorb zi de zi licoarea vietii.

Cuvantul magic: "IARTA"

E-atat de greu, dar si usor,
Sa spui doar: "Iarta".
E un cuvant ce-alina dor,
Si iar deschide cate-o poarta.

Nu-nchide cuvinte,
Ascunse dupa ura,
Si nu mai tine-n minte,
Mania care te subjuga.

Gaseste-un prilej,
Sau chiar o sarbatoare,
Sa-i spui ca-l iubesti,
Sa-i spui, ca distanta doare.

Dac-ar fi sa traiesc

Dac-ar fi sa traiesc nemarginirea,
Te-as alege sa fii langa mine.
Dac-ar fi sa parasesc omenirea,
As vrea s-o parasesc, doar langa tine.

Tu esti multumirea de-a trai,
Cu tine incepe dimineata,
Si seara te-astept ca sa vii,
Sa gustam impreuna viata.

Tu esti a soarelui raza,
Ce coboara-n zori sa ma sarute,
Pe fata ce inca nu-i treaza,
Si cauta, cauta saruturi multe.

Tu esti mireasma ce ma-mbie,
Sa sorb, sa sorb fara nesat,
Parfumul florii purpurie,
Lasata pentru mine pe-un pervaz.

La tine gandu-mi se coboara,
Te cauta neincetat,
Nu are vreme ca-odinioara,
Timpul, doar pentru tine-a stat.

Daca as putea

Daca as putea,
Ti-as da din aripile mele.
Daca as putea,
As face sa zbori cu ele.

Dar stau in neputinta,
Si-ti vad privirea ganditoare.
Tu esti un inger plin de biruinta,
O clipa doar si vei zbura spre zare.

Daca n-as canta

Daca n-as canta,
Dragostea mea pentru tine,
Nimic nu m-ar inviora,
Nimic n-ar fi mai bine.

Daca nu mi-as indrepta,
Gandul meu catre tine,
Ce-as mai cauta,
In aceasta lume?

Daca tu n-ai fi,
N-ar exista zorii zilei,
Si noptile s-ar face zi,
Asteptand o bucurie.

Daca n-as privi in ochii tai,
Nu as cunoaste marea,
Si-ar fi doi ochi verzui si mititei,
Ce nu s-ar contopi cu zarea.

Daca n-as atinge buzele tale,
N-as sti ce e dulceata,
Picaturilor de ploaie,
Cand curg pe fata dimineata.

Stefania Rotariu

Si daca tu n-ai exista,
M-as trece degeaba cu anii,
Iar viata s-ar duce undeva,
Asa cum se duc cocorii.

Daca pot s-alerg

Daca pot s-alerg,
Printre stele-as alerga,
Si-as vrea sa culeg,
Sa culeg doar steaua mea.

As lua-o cu mine,
Pana sus la cer,
Sa fiu in lumina,
De-ntuneric ma tem.

As tine-o strans in brate,
I-as da din a mea caldura,
I-as da, caci ma rasfata,
E steaua mea cea buna.

Daca soarele rasare

Daca soarele rasare,
Si nu-i zi de primavara,
Cand iubirea ta apare,
N-o lasa sa stea afara.

Cheam-o si da-i binete,
Bucurie-ti va aduce,
Chiar de anii tineretii,
Ti s-au scurs ca vinul dulce.

Daca lacrimi si durere,
Ti-au brazdat puternic fata,
Nu lasa un gand sa spere,
Prinde-l, lumineaza-ti viata.

Spera, lupta, crede,
Ca un inger va veni,
Si lacrimile el va sterge,
In brate te va obloji.

Daca totul este

Daca totul este perfect,
Unde mai este vina,
Lumii in care ma aplec,
Sa imi culeg lumina?

Daca totul s-ar termina,
Cu happy si cu lauri,
Cine-ar mai accepta,
Sa fie-atinsi de chinuri?

Viata nu-i usoara,
Ea trebuie traita,
Si ti se desfasoara,
Pe-o durata lunga si nedefinita.

Te chinui sa razbati, sa urci,
De multe ori cararea,
Nu poti sa o apuci,
Caci timpu-ti rapeste rabdarea.

Stefania Rotariu

Daca vom fi doi

Daca vom fi doi,
Cine va simti,
Ca timpul trece printre noi,
Si viata prinde aripi zi de zi?

Daca vom fi noi,
Cine va dori,
Sa caute timpul inapoi,
Cand viata curge si n-o poti opri?

Daca mana-n mana,
Din cerul vietii ne vom arunca,
Fara sa tinem cont de vreo furtuna,
Si-n largul zarii vom zbura?

Cine poate rupe-o legatura,
Facuta de-a dragostei juramant,
Cand inima este nebuna,
Flamanda dupa cel iubit?

Daca vom fi doi,
Nimic nu v-a atinge,
Dragostea ce creste-n noi,
Si niciodata nu se stinge.

Stefania Rotariu

Daca vrei dragoste

Daca vrei dragoste,
Curata a ta inima,
De ganduri desarte,
Ce-o cuprinde, o sugruma.

Daca tu cauti dragoste,
Ofera sublimul,
Fara sa-ti pese,
Ca tu dai primul.

Cand dai si primesti dragoste,
Povestea se-nfiripa,
Si vin sentimentele,
Ce nu traiesc, doar pentr-o clipa.

Daruieste-mi dulceata buzelor

Daruieste-mi dulceata buzelor calde,
Daruieste-mi a ta privire ganditoare,
Si lasa iubirea sa ni se scalde,
In apa de clestar a marilor curgatoare.

Daruieste-mi o zi, doar o zi de fericire,
Si vino aproape sa te vad, sa te simt,
Sa te port oriunde-ar fi cu mine,
Sa-mi fii aievea, un vis implinit.

Stefania Rotariu

De cate ori

De cate ori ma ratacesc,
Gandul meu zboara spre tine,
Chiar daca des eu iti gresesc,
Stiu ca vei fi alaturi de mine.

Cand fac multe nazbatii,
Fruntea ti se-ncrunta iar,
Dar nu poti sa te manii,
Cu un sarut, voi stinge-un jar.

Si-n brate fericit tu ma primesti,
Ma mangai cu blandete si ardoare,
Si-mi spui din nou ca ma iubesti,
Si sunt a inimii candoare.

De ce frumoasele flori

De ce frumoasele flori,
Se scutura si mor,
Cand e nevoie de culori,
In viata spulberata ca un nor?

Iar vantul care vine, trece,
Imprastie parfumul lor,
In atmosfera trista, rece,
In lumea-ntinsa a ghetarilor?

M-am intrebat mereu de ce,
Dar o gradina mi-a raspuns:
''Tu nu culegi o floare ce se trece,
Culegi o floare plina de miros''.

Si-o pui in vaza la vedere,
Sa vada lumea ce-i frumos,
Sa se imbete de placere,
Si sa ii soarba-al ei miros.

Stefania Rotariu

De ce mereu mi-e dor?

De ce mereu,
Mi-e dor de tine,
De ce doar eu,
Caut o clipa de fericire?

Unde s-a pierdut iubirea,
Ce i-am facut, de ce-a plecat,
Si mi-a furat si inima,
Lasandu-ma umil, sarac?

Revin pe banca ruginie,
Cu frunze adunate,
Si stau pe locul ce te-mbie,
Sa te gandesti, la clipe minunate.

Esti bine sau gandesti tu oare,
Ca intr-un parculet asteapta,
Iubirea ta de-odinioara,
Ce spera si-ti vorbeste-n soapta?

Iar peste ani de vei ajunge,
Sa stai in parc pe-acea bancuta,
Poate iubirea te strapunge,
Sa-ti amintesti, de-o inima rapusa.

Stefania Rotariu

De m-oi ridica

De m-oi ridica la ceruri,
O stea-n mana am sa prind,
Cu ea voi lumina misteruri,
In care vremuri sa cuprind.

De m-oi ridica prea sus,
Voi desena un drum pe-o cale,
Sa n-am un drum doar pentru dus,
Sa ma intorc pe-a mea carare.

Si numele de-mi vei striga,
Tu, trecator prin lume,
Iti voi raspunde si-ti voi da,
Un gand curat, sa te indrume.

De ochii tai in zare vor privi,
Si lacrimi vor culege,
Sunt lacrimi pline de-amintiri,
In care gandu-mi te petrece.

Departe

Departe pasii de se pierd,
Si uiti de-a ta carare,
Cand inima iti arde-n piept,
Dupa un pic de alinare,

Intoarce-te in pragul casei,
Unde mereu te-asteapta,
O mama buna si duioasa,
Sa-ti dea o vorba inteleapta.

Iar de nu poti acasa-ajunge,
Trimite-i vorba ce te-apasa,
Si stie ea a face o minune,
Stie sa-ntoarca vremea manioasa.

Deschid o pagina

Deschid o pagina din viata,
Iar privirea usor mi-aluneca,
Pe-o amintire dintr-o dimineata,
Cand te-am vazut, doar pentr-o clipa.

Grabit, fugeai uitandu-te in urma,
Sa vezi cumva de te-am zarit,
Apoi te-ai stins, te-ai prefacut in umbra,
Si inima in mine s-a trezit.

Si-a rasarit un sentiment,
Ce-a sagetat a mea inima,
Si mi-am dorit sa mai repet,
Aceasta intalnire anonima.

Te caut uneori prin multime,
Privesc si cred ca te-oi vedea,
Chiar daca nu esti langa mine,
Eu simt ca esti o parte, din viata mea.

Desi venim din lumi

Desi venim din lumi straine,
Tu m-ai iubit, eu te-am iubit.
Dar stii ca am fugit de tine,
Ca lumea asta-i de granit.

De-observa calea dintre noi,
Distruge tot ce-i minunat,
Distruge suflet si-n nevoi,
Ne-afunda sufletul curat.

De-aceea am decis pentru-amandoi,
Sa iau calea uitarii,
Sa fug de-o dragoste, de noi,
Si sa ma dau pierzarii.

Sunt clipe grele mai apoi,
Dar va veni si soare.
Vei rade iar si veti fi doi,
Dar alta alintare.

Stefania Rotariu

De vine somnul

De vine somnul,
Nu se-asterne,
Peste ochii plini de viata,
Ce privesc pierduti in vreme,
Vise fara de speranta.
De vine somnul,
Nu culege,
Vise care sa insire,
O dorinta ce se trece,
Si se pierde in nestire.
Nu mai vreau sa vina somnul,
Sa ma-nsele c-o dorinta,
Nici sa ma cuprinda dorul,
De vre-un loc sau vre-o fiinta.

De voi pleca

De voi pleca, nimic n-oi lua cu mine,
Doar bucurii si gandurile bune,
Le-oi pune-ntr-o valiza-ncapatoare,
Sa ma-nsoteasca pana sus la soare.

Si chipuri calde, chipuri de-alinare,
Le-oi pune-n inima incapatoare,
Voi aduna cat pot de multe,
De-ar fi atatea, cat s-acopere un munte.

Cu-aceste bogatii eu voi pleca din lume,
Si nu-s putine, eu cred ca-s destule,
Cat sa-mi acopere o lunga viata,
Plina de farmec si speranta.

Dimineata de craciun

Deschide-ti ochii-n bucurie,
E dimineata de craciun!
O viata noua reinvie,
In bucurie-acum.

Caci pruncul Isus a venit,
S-aduca mangaierea,
Pentru cel mare si cel mic,
El este-acum aievea.

Si-n inimi El s-a cuibarit,
Sa scoata-orice durere,
Din inima ce s-a oprit,
Sa mai iubeasca si sa spere.

S-aveti speranta, bucurii,
Si-n lume voi sa fiti lumina,
Iar inimile de copii,
Sa le pastrati fara vreo tina.

Stefania Rotariu

Din florile

Din florile planetei,
Pe tine te-am cules,
Desi erau mai multe,
N-am stat si n-am ales.

Cu zambetul strengar,
Pe loc m-ai cucerit,
Mi-ai dat viata iar,
Tu esti nepretuit.

Din florile din lume,
Doar pe tine te iubesc,
Si nu ma satur de-al tau nume,
Oriunde merg eu il rostesc.

Iar chipul ce-l privesc,
Il vad in orice floare,
Si doar la tine ma gandesc,
Tu esti un mugur care-nfloare.

Doamne-ai grija de parinti

Doamne-ai grija de parinti,
Ei sunt cei mai curati, mai sfinti,
In ei se-arata-ntelepciunea,
Blandetea, curatenia, vorba buna.

Ei au trait vremuri amare,
Vremuri trecute-n care,
Puneau o paine doar pe masa,
Si era de-ajuns pentru o casa.

Stiau s-aduca bucurie,
S-aduca pacea si armonie,
Aveau o inima curata,
Plangeau si ajutau deodata.

Daca era-un strain flamand,
In casa il primeau zambind,
Si il puneau cu ei la masa,
Era un musafir in casa.

Doamne ajuta-ne sa fim,
Sa fim ca ei si sa iubim,
Caci zilele sunt numarate,
Si Dumnezeu se uita, doar la fapte.

Stefania Rotariu

Doresc

Doresc doar piscul sa-l ating,
Sa iau si sa pastrez un timp,
O raza de lumina clara,
Din asta lume milenara.

Si-n palma-mi strans sa tin,
Un pic din harul cel divin,
Sa dau si celor ce trudesc,
Si niciodata nu mai izbutesc.

Sa inec paharul tristetii,
In dulcea apa-a vietii,
Sa bea cu sete cine-o vrea,
Din apa pan' la fund, de s-ar putea.

S-ating o pasare in zbor,
Sa iau din drumul calator,
Si drumuri eu sa le imbin,
Sa sterg doar chinul cel strain.

Si inimi rupte laolalta,
Sa le adun intr-o bucata,
Sa nu mai planga dor de dor,
Si gandul sa nu umble calator.

Doar iarta-ma

Mai stau si-acum privind,
Din coltul inimii mele,
Si vad o inima suspinand,
Suspina de durere.

Te rog iarta-ma,
Iarta-ma, ca nu pot sa te uit.
Te rog iarta-ma,
Ca-n mintea mea, traiesti atat de mult.

Traiesti si-ti simt si-acum,
Mireasma pielii tale,
Si-as face nu stiu cum,
Sa te transform in floare.

Mirosul ei sa ma imbie,
Si s-o sarut in zorii diminetii,
Sa-mi dea parfumul ei doar mie,
Caci este floarea vietii.

Dumnezeu niciodata

Dumnezeu niciodata,
Nu m-a parasit.
Chiar daca, chiar daca,
De pe cale-am iesit.

A stat langa mine,
Cu grija mi-a oblojit,
O rana adanca si grele suspine,
Care m-au coborat si m-au ranit.

El a plans,
Daca eu am plans de durere.
Cu mine a ras,
Daca inima era patrunsa de fericire.

Iar daca spre valea deznadejdii,
Am pornit valtoare,
El a trimis in graba ingerii,
Sa ma ridice din a mea cadere.

Prietenul meu a fost doar El,
Mi-a stat mereu alaturi,
Si nu s-a simtit deloc stingher,
Cand trista, i-am spus urate lucruri.

Stefania Rotariu

El toate, toate le-a primit,
Fara sa judece-o clipa.
M-a luat in brate si m-a iubit,
Fiindca orice-as fi, sunt a lui fiica.

E-atata bucurie

E-atata bucurie,
De-mi inunda inima,
Ce-ar putea sa fie,
Ce-ar putea veni in viata mea?

E-atata soare,
Si mangaie dimineata,
Caldura lui inmoaie,
Topeste toata ghiata.

E-atata bucurie,
Si lacrimi coboara,
Pe-o fata alburie,
Luminata de-o lumina de-afara.

E-o bucurie stralucitoare,
Si razele-si imparte,
Prin lumea visatoare,
Ce viata o razbate.

Prind o raza ce m-atinge,
Pe buze cu-n sarut,
E calda si nu frige,
Imi da puterea ca sa lupt.

Stefania Rotariu

E minunat

E minunat cand soarele diminetii,
Rasare peste chipul tau.
E minunat cand razelele lui jucause,
Ating buzele tale.
E minunat cand te privesc si te mangai,
Cu ochii, care te-adora si se-odinesc pe tine.
E minunat ca te gasesc langa mine mereu,
Si niciodata nu va fi destul,
Sa te am in ale mele vise.
Te-adancesti in sufletul si-n gandul meu,
Fiinta ta este sadita-n mine.

Esti umbra

Esti umbra stralucitoare,
Ce stai aprinsa-n drumul meu,
Te sting si-absenta ta nu doare,
Nu pot sa te arunc din capul meu.

Te vad si iar te vad,
Prezenta ta-i lipita,
De mine si ma pierd,
In ganduri care ma irita.

Simt cum se stinge,
Vointa de-a gandi la tine,
Si groaza ma cuprinde,
Cand stiu, ca erai o parte din mine.

Acum esti doar umbra ce-a ramas,
De care fug intruna,
Iar intr-o zi o sa te las,
Sa nu-mi mai tulburi urma.

Eu cred

Eu cred, ca daca n-ar mai fi iubire,
Am inceta sa mai traim,
Nu am cunoaste cuvantul ''fericire'',
Nu am trai un sentiment sublim.

Eu cred, ca daca nu ar fi iubire,
Si florile s-ar ofili,
Nu ar avea culoare, stralucire,
S-ar colora in negru, gri.

Si daca n-ar mai fi iubire,
Am fi doar trupuri trecatoare,
Si am trai in nemurire,
Ca umbra care trece, moare.

De-am fi lipsiti de daruire,
N-ar exista si lacrima ce curge,
Iar inima n-ar bate in nestire,
Si n-ar gandi la cine sufera si plange.

Iubirea vine cateodata,
Te cerceteaza, dac-o primesti,
Si de n-o vrei, nu vine alta data,
Nu-i pretutindeni sa o risipesti.

Stefania Rotariu

Eu ma rog

Eu ma rog si sper,
Ca dragostea sa coboare,
De sus, din cer,
Peste inimi ce se zbat in ardoare.

Sa cuprinda-orice cuget,
Plapand si curat,
Ce-asteapta un sunet,
Al iubirii semn lasat.

Sa imparta iubire,
Si liniste sa-mparta,
Peste-o intreaga omenire,
Ce nu-nceteaza sa se zbata.

Eu sunt roman

Eu sunt roman,
Si tara mea e Romania,
Eram candva stapan,
Si-mi cunosteam si glia.

Strabunii mei au poposit,
Prin vremuri incercate,
Si pentru mine au murit,
Sa am o viata, libertate.

Eu ce-am facut cu viata mea,
Cu toate darurile sfinte?
Am pus un mare pret pe ea,
Cum au facut strabunii mei-nainte?

Sau am dat viata fara plata,
In tari straine, pe-unde-apuc?
Caci tara mea cea minunata,
E tara vechiului haiduc.

Stefania Rotariu

Eu stiu ca existi

Eu stiu ca existi,
Inima-mi spune.
Te simt si-ti vad ochii tristi,
Ca nu-ntalnesti a mea privire.

Dar timpul se coboara,
Clepsidra se goleste,
Si vine-o primavara,
Ce gheata o topeste.

Stiu ca existi si-astepti,
O clipa de-ntalnire,
Iar zilele trecute si reci,
Nu se vor zbate-n ratacire.

Nu e tarziu si-i minunat,
Cand dragostea apare,
Multa putere-a adunat,
In lunga-i asteptare.

Stefania Rotariu

Eu te iubesc

Eu te iubesc,
Ce vrei mai mult sa spun,
Ca nu pot sa traiesc,
Ca nu pot, sa mai caut un alt drum?

Eu stiu ca te iubesc,
Fiindca inima-mi tresare,
Cand langa tine ma trezesc,
Si bucuria, bucuria-mi este mare.

Sunt sigura ca te iubesc,
Caci zilele-s cu soare,
Si simt o viata ce-o traiesc,
Fara de nori, fara de ploaie.

Cand zambetu-ti rasare,
Si cand grabit tu vii spre mine,
Ma-ncearc-o simtire care,
Traieste mai adanc, mai adanc in nestire.

Iar dragostea ce tu mi-o daruiesti,
Este-o fantana-a tineretii,
Ma schimba ca pe-o zana din povesti,
Si imi intoarce fila vietii.

Stefania Rotariu

Fericirea este

Fericirea este,
Numele ce-aduce fiori.
Fericirea este,
Gandul ce nu te lasa sa dormi.

Fericirea este zambetul,
Ce-ti ramane lipit pe retina,
Atunci cand esti cuprins de farmecul,
Fiintei ce-o astepti sa vina.

Cum poti defini fericirea,
O inima ce bate si bate,
Asteapta sa vina iubirea,
Plina de ganduri si soapte?

De nu s-ar termina fericirea,
Zilele-ar curge suvoaie,
Ai inceta sa mai numeri ziua,
Iar noaptea ar fi o binecuvantare.

Floare alba

Floare alba,
Floare de crin,
Imprastiii suava,
Parfumul divin.

Te-ndoi mladioasa,
La adierea de vant,
Nimic nu te-apasa,
Pe-acest pamant.

Si stai indreptata,
Spre soare razand,
Caci esti alintata,
Te treci surazand.

Stefania Rotariu

Gandesc la tine, stii?

Gandesc la tine-n lasarea serii,
Si somnu-mi este brazdat,
De chipul tau, al nepasarii,
In care greu te-ai afundat.

Gandesc la clipe minunate,
Ce-au fost candva, sau puteau sa fie,
La intrebari neterminate,
Si la raspunsuri pline de manie.

De ce o viata, simpla viata,
Poate sa fie un calvar,
Cand ea se-ntinde ca o ata,
Si se va rupe in zadar?

De ce tristete si-agonie,
Se-aduna si se-aduna-n abundenta,
In loc de bucurii si armonie,
Varsate peste flacara tristetii?

Gandesc, gandesc si iar,
Doresc sa-mi fii in preajma,
E bine sau aduci amar,
Nu stiu si-mi este teama.

Stefania Rotariu

Gandul catre tine

Gandul catre tine,
Somnul mi-a-nghitit,
Si-n minte nu putine,
Ganduri negre-au rasarit.

Eram fericita,
Si-o viata se ivea,
Dar calea era oprita,
Spre inima ta.

Si-am astupat cararea,
Sa nu privesc-napoi,
Cand ma-nvaluia uitarea,
Iar pasii ramaneau doar goi.

O dragoste curata,
Intr-o clipa s-a sfarsit,
Voi intalni vreodata,
Ce am mai intalnit?

Voi astepta-n rabdare,
Cand dragostea va reveni,
Va fi o dragoste mai mare,
Oare va fi, oare va fi?

Stefania Rotariu

Ganduri astern

Ganduri astern,
In tacuta noapte.
Te strig si te chem,
Prin ganduri pierdute departe.

Si-adorm, adorm cu tine-n minte,
In noaptea ce vine,
Se-aseaza cuminte,
Si doarme, doarme langa mine.

Iar tu, chiar daca esti departe,
Iti simt la piept caldura,
Te simt langa mine aproape,
Iti simt pe frunte mana.

Si mangaierea ta coboara,
Pe buzele infierbantate,
Unde-un sarut de-odinioara,
S-a ratacit tarziu in noapte.

Gandurile

Uneori gandurile,
Se zbat sub intunericul,
Unde s-au pierdut rabdarile,
Ce imbujorau sufletul.

Stau triste si tacute,
Nu se misca si-n tacere,
Privesc un orizont departe,
Caci sunt pierdute-n alte ere.

Incerc sa patrund in ele,
Dar nu am loc, nu pot,
Si nu se bucura-n placere,
In ele arde-un foc.

Iarta-ma

Iarta-ma, iarta-ma,
Ca nu stiu ce-am facut.
Iarta-ma, iarta-ma,
N-am fost atenta si te-am pierdut.

Eram doua stele pe cer,
Ce luminau intruna,
Si-acum este un cer stingher,
In care doarme numai luna.

Iarta-ma, iarta-ma,
Ca nu mai am lacrimi sa plang.
Iarta-ma, iarta-ma,
Ca te-am pierdut pe-acest pamant.

Si calea ni s-a rupt in doua,
Pe una ninge, este frig,
Si alta-i-nourata, ploua,
Imi vine sa urlu, sa strig.

Iarta-ma, iarta-ma,
Ca te-am pierdut,
Iarta-ma, iarta-ma,
Ca ne-am iubit atat de mult.

Ieri, m-am pierdut

Ieri, m-am pierdut,
Prin filele cu amintiri,
Cu sete mare le-am citit,
Si nu puteam sa le scot, din ale mele priviri.

Erau atatea si se derulau,
Prin fata ochilor udati,
De lacrimi care nu-ncetau,
Sa curga, sa curga peste anii plecati.

Si oameni care existau odata,
In lumea calda, fericita,
Plecau cu foaia-nlacrimata,
Si se pierdeau asa, intr-o clipa.

As da orice sa intorc anii,
In care clipe pretioase,
Se petreceam la gura sobei,
Si depanam ganduri frumoase.

Acum e totul intr-o fuga,
Si oamenii alearga si alearga,
Se pierde totul intr-o umbra,
Si viata e mereu pribeaga.

Inima ma-ntreaba

Inima ma-ntreaba,
De ce-i doar jumatate,
Cum poate fi intreaga,
Si daca se mai poate.

S-a rupt, s-a fisurat in doua,
O jumatate sufera si-i trista,
Privind afara-atunci cand ploua,
Iar alta, pe-o cale ce nu exista.

De s-ar uni vreodata,
Ploaia ar fugi,
S-ar ascunde rusinata,
Si soarele ar straluci.

Dar eu ce pot a spune,
Inimii care-ntreaba,
Ca s-a pierdut in lume,
O jumatate si nu poate fi intreaga?

Inima-mi canta

Inima-mi canta,
Un cantec ce-n surdina,
Se desfasoara, ma incanta,
Imi spune despre dorul ce-o sa vina.

Inima-mi coboara,
In raze de lumina,
Se-nvarte, se-nfasoara,
Si fericita muzicii se-nchina.

Danseaza si soarbe,
Fiecare pas, fiecare ritm,
Si nu se satura, i-e foame,
E-o inima ce-o pretuiesc, o simt.

Stefania Rotariu

Inima, tu nu stii

Inima, tu nu stii sa parasesti,
Esti tare, buna si aleasa,
Iubirea daca o gasesti,
O iei cu tine-acasa.

Nu lasi tristetea sa doboare,
Sa treaca peste tine,
Stai vesnic treaza, visatoare,
Si cauti doar sa fie bine.

Te odihnesti la umbra unui scut,
Te multumesti c-o sarutare,
Tresari de-n brate te-a tinut,
Si cresti, te faci mai mare.

Tu poti sa ierti, s-o iei de la-nceput,
Cand esti lovita, te raneste.
Arunci tristetea pe-un sarut,
Si-o imbatisare care se iveste.

Ma-ntreb cat poti sa fi asa,
Sa fii tot blanda si tacuta,
Sa lasi o lume sa faca ce vrea,
C-o inima ce iarta, o inima ce uita?

Iubesc

Iubesc viata, zambetul si omul,
Iubesc natura si tot ce ma-nconjoara,
Chiar de se schimba uneori si tonul,
Iar lumea, nu mai e ca-odinioara.

Zambetul meu arata bucurie,
Venita din inima-ncercata,
Si oglindeste fericire,
Cu grija multa adunata.

Trecut-am grele incercari,
Si sentimente rele care,
M-au zdruncinat in timp, mai ieri,
Si mi-au deschis o rana care doare.

Insa ca pasarea colibri-am ridicat,
Stafeta inalta a biruintei,
Pe culmi de-odata am zburat,
Si n-am pierdut miezul vointei.

Nu vad, nu stiu ceva sa ma infrunte,
Sa ma zdrobeasca si sa n-am putere,
Sa ma ridic mereu in frunte,
Sa nu fiu robul care piere.

Stefania Rotariu

Iubesc tot ce-a fost

Iubesc, tot ce-a fost,
Candva uitat,
Si socotit fara de rost,
Un trecut indepartat.

Iubesc mustrarea bunicii care,
Dimineata ma trezea,
Si noaptea ma trimetea la culcare,
Pentru sanatatea mea.

Iubesc mancarea bunicii,
Simpla si plina de miros,
Facuta pe marginea plitei,
Cand dimineata din pat, coboram jos.

Iubesc cuvintele-ntelepte,
Ce le-am primit de la batrani,
Erau cuvinte ce urcau tepte,
Si m-au facut, in trandafiri sa nu vad spini.

Iubesc o tara minunata,
In care m-am nascut si am trait,
Chiar daca-mi vine gandul cateodata,
Ca tara mea m-a dezamagit.

Stefania Rotariu

Iubeste-ma

Iubeste-ma,
La fel ca-n prima zi.
Iubeste-ma,
Si eu te voi iubi.

Saruta-ma,
La fel ca-n prima zi.
Daca nu poti, doar uita-ma,
In boarea noptilor tarzii.

Iama-n brate,
Sa simt caldura,
Inimii ce bate,
In care nu incape ura.

Iubeste-ma cat inca sunt

Iubeste-ma cat inca sunt,
Cu bune, cu neajunsuri.
Iubeste-ma aici, pe-acest pamant,
Ca maine, poate sunt pierduta-n univeruri.

Sunt azi aici si caut fericirea,
Nu caut doar mariri si avutii.
Caut o viata in care iubirea,
Sa fie preamarita, ca in biblii.

Iubeste mai intai si-arata,
Caci restul vine mai apoi.
Traieste-o viata minunata,
Nu te uita la bogatii, nevoi.

Cand dragostea te insoteste,
Esti fericit oriunde-ai fi,
Nu iti doresti ce-ti prisoseste,
Doresti cu mine doar sa fii.

Iubirea daca vine

Iubirea bate la usa ta,
Daca-i deschizi sau nu,
Ea nu te va-ntreaba,
Iti cumpara doar sufletul.

Iubirea te stapaneste,
Esti robul ei fara vointa,
Te poarta sau te opreste,
Iti da putere sau cainta.

Iubirea de vrei s-o atingi,
Ea se topeste dintr-odata,
Sau se transforma si te frigi,
Iubirea-i tare ciudata.

Cine incearca a-ntelege,
Iubirea care-i stapana,
Peste viata ce se trece,
Ramane doar cu o farama.

Imi este greu sa-ti spun

Imi este greu sa-ti spun,
Cat te-am iubit si te iubesc.
Iubirea mea drum bun,
Nu pot din cale sa te-opresc.

S-au aruncat zarurile tristetii,
Si drumurile ni s-au despartit.
Tu-ai desenat o alta cale-a vietii,
In care eu, nu m-am mai regasit.

Drum bun iubire,
Imi iei o parte din inima mea,
Dar eu te las s-o iei cu tine,
S-o ai ca adapost, la vreme grea.

Drum bun, drum bun iubire,
Ramai in mintea si-n inima mea,
Ce nu a vrut sa mai stea cu tine,
Si n-a putut, sa-ti dea din viata sa.

In serile cu luna,
Pe cer te-oi numara,
Ti-oi da o stea care-i mai buna,
Sa-ti lumineze calea.

Imi lipsesti

Imi lipsesti atat de mult,
Ca viata s-a oprit in loc,
Nu stiu ce fac, unde ma duc,
Sunt prizoniera unui joc.

Incerc sa fug, sa scap,
M-adapostesc intre ruine,
Sapate de-un om ce mi-e drag,
Fara sa stiu de-i rau, sau bine.

Fara tine viata e pustie,
Lipsita de valoare, bucurii,
Si visele traiesc in agonie,
Pe marginea prapastiei, sa stii.

Fara tine soarele n-a stralucit,
Iar zilele pustii si grele,
M-au cuprins si-adapostit,
In ganduri triste, ganduri negre.

Fara tine-am incetat sa mai traiesc,
Si viata o arunc la orsicine,
Fara tine-am incetat sa mai visez,
Si nu-mi mai pasa ce-i cu mine.

Stefania Rotariu

Imi plac

Imi plac pasarile caci zboara,
Chiar daca-i zi sau noapte,
Chiar daca-i iarna sau vara,
Ele se ridica spre zarile-nalte.

Ele n-au frica de rau daca vine,
Pentru ele timpul zboara la fel,
Nu cunosc vremuri si nici suspine,
Stiu doar sa urce, sa urce mereu spre cer.

Ele au cutezanta sa mearga mai departe,
Chiar daca o aripa a fost atinsa,
Si nu renunta, nu au ganduri desarte,
Pentru ele lumea este mereu invinsa.

Imi salta inima

Imi salta inima de bucurie,
Si-i bine sa fie asa.
E plina de sentimente-i vie,
E fericita inima mea.

Cuvinte bune-imbietoare,
Rasfirate pe-un sirag,
De margele si culoare,
M-au cuprins, m-au imbatat.

Dragi si dragi inimii mele,
In causul mainii stati,
Va sarut, privesc spre stele,
Doamne, cat ma bucurati!

Strang la piept poza mea draga,
Si ma-ncearca amintiri,
Cade-o lacrima in graba,
De pe-o geana cu sclipiri.

Imi spui

Imi spui,
Ca gandul te-a uitat.
Imi spui,
Ca inima a-nghetat?

Ca zambetul asteapta doritor,
Si sta de paza,
Dac-apar sau ma strecor,
Sa-i dau si lui o raza?

Ca bucuria ta s-a stins,
Mancata de tristetea,
Ce ramurile si-a intins,
Peste corpul, care-si cauta tandretea?

C-astepti s-apar atat de mult,
Sa-mi vezi din nou fiinta,
Si-n brate vrei ca sa te strang,
Sa simti caldura-mi, ce-nlatura cainta?

Imprastii frumusetea

Imprastii frumusetea-n jurul tau,
Cu prezenta luminoasa.
Cu zambetul m-ai cucerit mereu,
Si privirea ta frumoasa.

Razele soarelui,
Se-odihnesc in parul tau,
Si-mprastie culorile,
Pana la batranul curcubeu.

Pe buze sta vesnic mirosul,
Capsunei coapte din gradina,
Si-asteapta, asteapta sarutul,
Ce cu nesat ar vrea sa vina.

Imprastii frumusetea ca o primavara,
In care pomii stau sa infloreasca,
Si se rasfata-n timpul de afara,
Caci are vreme, sa se pregateasca.

In a vantului bataie

In a vantului bataie,
Se ridica din cerdac,
Un firicel de papadie,
Ce-n odaie a intrat.

Si se plimba prin odaie,
Cauta un locusor,
Sa se puna, sa mai steie,
Ca e mare calator.

Se aseaza-ncet pe fata,
Si se plimba jucaus.
Dai cu mana, dar te-agata,
Nu-ti da pace sa te culci.

Te trezesti dar somnoroasa,
Mergi sa pui de o cafea,
Si te uiti spre o fereastra,
"Ce frumoasa-i dimineata!"

Iar ai adormit tarziu,
Te trezesti mahmura,
Dar cafeaua-i elixir,
Pentr-o zi mai buna.

Inca mi-e dor

Inca mi-e dor de tine,
Dragostea mea, dragoste din trecut.
Te port adanc infiripata-n mine,
Esti tot ce am, tot ce-am avut.

Inca mai caut drumul,
Spre inima ta,
As da orice sa intorc timpul,
Sa vii din nou in viata mea.

Nu pot trai fara iubire,
Ma simt atat de mica, de firava,
Se zbate inima in mine,
Si plange, sade suparata.

Inc-o noua zi

Inc-o noua zi,
Si iar te voi vedea.
Stiu ca vei veni,
Vei iesi in calea mea.

Inc-o noua zi,
Si vom fi impreuna,
Iar ne vom iubi
Sub clarul de luna.

Nu voi mai fugi,
Cum faceam odata,
Si nu ma voi opri,
Sa-ntampin a mea soarta.

Stefania Rotariu

Incredere

M-am increzut in tine,
In cuvinte am crezut,
M-am infasurat prea bine,
Fara sa stiu ca m-am pierdut.

Am crezut,
In dulceata zambetului,
Ce m-a cuprins si m-a pierdut,
In invalmaseala timpului.

Am crezut, ce-am mai crezut?
Caci inima s-a intristat,
Si lacrimi au cazut,
Findca, doar am crezut.

In mine

In mine zac doar mii de vieti,
Si zi de zi impart culoare,
Iar inima-mi imparte doar sageti,
Ce-aduc bucurie si nu doare.

Dau din fericirea inimii,
Din cantecul de pe buzele mele,
Din tot ce am eu dau lumii,
Ca nu vreau sa raman cu ele.

Vreau sa imprastii bucurie,
Inimi pline de tristete,
Sa le trezesc la o viata vie,
Sa le dau valoare si binete.

Nu mor cantad degeaba,
Si muzica o-mpart cu tine,
Inchide ochii, deschide-ti inima,
Si canta-un cantec pentru mine.

In noapte

Nu pot sa dorm in noapte,
Ma striga si suspina,
Ale dragostei soapte,
Ce vor sa iasa in lumina.

Le-am ferecat candva,
In inima lovita de furtuna,
Si-am aruncat si cheia,
Pe valul unei mari ce e nebuna.

Valtoarea le-a luat departe,
In zari uitate de demult,
Se-aud si-acuma multe soapte,
Ce pot sa fac, nu pot sa uit!

In pragul diminetii

In pragul diminetii,
Gandurile mi se-aduna,
Si-ndeparteaza valul tristetii,
Ce-adapostea o viata nebuna.

Cand mintea de-ntuneric este plina,
Tristetea-n inima isi face cuibul,
Dar vine si ziua senina,
Cand se deschide sufletul.

Si vine soarele si lumina,
Coborand in zorii diminetii,
Se-aseaza peste ochi odihna,
Si se dezvaluie cararea vietii.

Se stinge tristetea in graba,
Si vine bucurie val dupa val.
Nu mai ramai dezamagirii prada,
In piramida ti se face locul iar.

Vii mai puternic, mai bogat,
Cu ale vietii multe incercari,
Esti optimist si incarcat,
Iar toate le-ai lasat in urma, pentru ieri.

Stefania Rotariu

In soapte-ti spun

In soapte-ti spun,
Ca te doresc,
Si mangaierile-ti adun,
Din mainile ce le iubesc.

In soapte-ti spun,
Ca-mi este dor,
Sa fiu, sa fiu acum,
Un vant ce te atinge-n zbor.

Si parul sa-ti ating usor,
Cu buzele fierbinti,
Sa-ti lase urma lor,
Parfumul sa il simti.

Intind mana sa prind

Intind mana sa prind,
Un pic de fericire,
Si nu mai vreau nimic,
Decat te vreau pe tine.

In minte ruga-mi se-nteteste,
Si-oricat, oricat as cauta,
Nimeni ca tine nu este,
Nu are ce ai tu, acel ceva.

Nu stiu ce ai,
De-i dragoste, sau dor, durere?
Nu stiu de ce in minte-mi stai,
Si nu ma lasi, iti da putere.

Am incercat sa fug,
Sa fug cat mai departe,
Dar drumurile duc,
La tine, la tine duc toate.

Nu imi gasesc placere,
Si nici nu voi gasi,
Caici inima te cere,
Si spera, spera intr-o zi.

Stefania Rotariu

Intinde mana

Intinde mana sa apuci,
Un fir din viata mea,
Si ai ai sa vezi c-ai sa ajungi,
Sa imi atingi si inima.

Intinde-ti mana,
Sa-ti pun inima-n ea.
Intinde-ti mana,
Sa-ti pun si viata.

Tu esti stapanul,
Inimii ce ti se daruieste.
Tu esti destinul,
Ce-n mine se naste si traieste.

Buzele mele se-aprind,
La atingerea numelui tau.
Ochii in zare se sting,
Cautandu-te mereu.

Mainile sunt ramuri fermecate,
Ce-nmuguresc cand le atingi,
Si corpul care striga si se zbate,
Traieste-n umbra-n care te ridici.

Stefania Rotariu

Invata sa nu privesti

Invata sa nu privesti inapoi,
Chiar daca inima ti-a fost ranita.
Invata sa nu privesti cu ochii goi,
O viata plina de rani si chinuita.

Invata sa iei ce-i bun din ce-a fost,
Sa ierti, sa fii puternic pe un drum,
Nu cauta sa intelegi trecutul dureros,
Si umple-ti viata cu bucurii acum.

Invata sa razi, cand soarele-ti mangaie fata,
In zorii zilei si-ti da caldura lui,
El iti arata ce frumoasa-i viata,
Iti da vointa sa cutreieri lumi.

Invata sa fii tu insuti,
Chiar daca uneori e-atat de greu,
Viata e plina de caderi, urcusuri,
Doar tu, poti fi stapanul tau.

Iti dau sarutul

Iti dau sarutul departarii,
Ti-l dau fiindca-i fierbinte,
Nu poate fi cazut uitarii,
Nu poate disparea din minte.

E-atat de dulce si amar,
Cand vine seara, se aseaza,
In minte ca un mic strengar,
Si vine-n fuga si triseaza.

De vrei sa-l simti, sa il atingi,
Cand buzele-i pastreaza urma,
Sarutul care nu-l respingi,
Nici macar nu-ti atinge buza.

Ramai si-astepti sa il primesti,
Ca o bezea-n lasarea noptii,
Si stii ca iar te amagesti,
Si iar te pui in mana sortii.

Iti dau sarutul noptii

Iti dau sarututl noptii iubite,
Sarut ce-i cald si dulce,
Ti-l dau pe buze-apoi pe frunte,
Sa te-nsoteasca-n ale tale vise.

Si nu ti-l dau decat pentru o vreme,
Caci maine poate nu se stie,
Ce drum apare sa ma cheme,
Si sa pornesc in pribegie.

Tu stii ca drumul meu e lung,
Si n-are terminare,
Azi sunt aici, iar maine fug,
Si nu-mi ajunge lumea asta mare.

Iti daruiesc

Iti daruiesc o parte,
Din linistea ce se-odihneste-n mine.
Si un sarut gasit in noapte,
Ascuns statea doar pentru tine.

Iti daruiesc un zambet,
Sa-ti stinga supararea,
Ce-apasa al tau cuget,
Intunecand privirea.

Si-o imbratisare iti trimit,
Sa te-ncalzeasca-n noapte,
Sa stii ca doar la tine m-am gandit,
Chiar daca esti departe.

Iti scriu

Iti scriu a nu stiu cata oara,
Iubitul meu iubit,
Caci te-am iubit odinioara,
Si te-oi iubi pe-acest pamant.

Esti dimineata cand apare,
Esti noaptea pana hat tarziu,
Cu tine viata-are culoare,
Cu tine ma hranesc, chiar si-n pustiu.

Esti seva vietii care curge,
In venele ce-s obosite,
Te sorb, te sorb si nu-mi ajunge,
De-ar fi sa am si vieti mai multe.

Esti vorba ce-o rostesc,
Si buzele-o ating usor,
Sa nu o pierd, sa n-o ranesc,
Esti tot ce am, esti al meu dor.

Iti scriu cu lacrimi

Iti scriu cu lacrimi care ard,
Scrisoare netrimisa mama,
Si stiu ca nu vei sta in prag,
S-astepti o veste buna.

Acum esti sus la ceruri,
Si Domnul, la piept te tine strans,
Nu mai ai griji, nu mai ai ganduri,
Iar ochii, nu iti mai stau tristi.

Te-ai dus supusa si tacuta,
Asa cum viata-ai petrecut.
N-ai spus cand o durere muta,
In tine s-a impotmolit.

Stau si privesc, iar gandul,
Mi te-aduce in ochii care-mi curg,
As vrea sa pot intoarce timpul,
As vrea sa fim, in vremea de demult.

Stefania Rotariu

Iti spun adio

Iti spun adio-n fiecare zi.
Nu vreau sa-mi tulburi linistea,
Si ma tot rog sa nu mai vii,
Sa nu mai vii in viata mea.

Ai fost o floare ce s-a scuturat,
Si si-a pierdut mirosul,
De-aceea eu nu te-am udat,
N-am inteles care ti-e rostul.

Ma rog si m-oi ruga mereu,
Caci sunt ferice fara tine,
Sa-ti fie bine, caci si eu,
In lumea-n care sunt, mi-e bine.

Jumatatea ta este

Jumatatea ta este,
Persoana care seamana cu tine,
Si te face sa traiesti o poveste,
Este om bun si stie totul cum e bine.

Jumatatea ta este,
Cine-ti cunoaste sarutul,
Si-ti soarbe zambetul cu sete,
Cand pe umar iti asezi capul.

Jumatatea ta este,
Cel ce mana ti-o cuprinde,
Si-o tine cu tandrete,
Din cand in cand ti-o strange.

Stefania Rotariu

La multi ani, Romanie!

La multi ani, Romanie!
Tara incercata, tara minunata,
Ce pot sa-ti daruiesc eu tie,
Decat inima-mi curata?

La multi ani, Romanie!
Tara plina de istorii,
Unde fiii ti-au murit pe glie,
Pentru tine, doar in glorie.

Lasa cuvintele

Lasa cuvintele sa zboare,
Sa ma-mbratiseze, sa m-alinte,
Sa stinga a focului ardoare,
Care ma strange si-i fierbinte.

Cutreiera-mi gandul,
Cu sunetul vorbelor tale,
Si-aduna rastimpul,
In amintirea care nu doarme.

Imprastie, imprastie caldura,
Prin corpul de dor ametit,
Si umple-l pentru totdeauna,
C-o dragoste ce nu s-a racit.

Lasa-mi o zi

Lasa-mi o zi,
Sa se odihneasca,
Fara a gandi,
Sa nu se zvarcoleasca,
Gandul spre tine.
Lasa-mi un crampei,
Din timpul,
Petrecut la gura sobei,
Cand avea aripi sufletul.
Nu lua cu tine,
Ce-a mai ramas,
Adanc in mine.
Lasa o clipa de liniste,
Sa patrunda,
In tot ce-a fost-nainte,
Si-acum traieste-n umbra.

Legea iubirii

Legea iubirii e scrisa,
Pe-o inima care,
Este mereu aprinsa,
Si sta in asteptare.

Legea iubirii rezista,
In doua inimi care,
Se iubesc si persista,
In multa, multa rabdare.

Legea iubirii nu se-ntristeaza,
Ea aduna clipe gramada,
Luminate-n amiaza
De-un soare, ce-are vreme sa sada.

Legea iubirii nu se stinge,
Ea traieste vesnic,
Si nu te arde, nu te frige,
Ea lumineaza-n sfesnic.

Stefania Rotariu

Libertate

Libertate, cuvant magic,
Il platesc regeste.
E-atat de dulce, dar si diabolic,
Il vreau, il arunc, dar imi si lipseste.

Imi cresc aripi sa zbor,
La ceruri-nalte sa ma ridic,
Dar mai apoi iar ma cobor,
Caut un umar ca sa plang.

Libertate cuvant regesc,
Te-ai adancit in fiinta mea,
Nu stiu de vreau sa te platesc,
Mi-ai supt toata puterea.

Libertate te voi arunca,
Pe-o vale adanca si fara de carari,
Sa stai pribeaga de-i asa,
Sa nu mai iesi, sa te cobori.

Luna se rasfata

Luna se rasfata,
Pe chipul tau,
Si fura ca o hoata,
Ce as fura si eu.

Luna nu-i pustie,
Asa cum uneori sunt eu,
Si caut, caut a ta privire,
Sa ma desfat in ea mereu.

M-am imprietenit cu luna,
Sa pot sa-ti fiu aproape,
Si daca pot intotdeauna,
Sa iau, cate un pic din noapte.

M-acopar cu mantia noptii

M-acopar cu mantia noptii,
Si stelele ma tin de mana,
Sa nu ma pierd in mana sortii,
Fara caldura lor divina.

Si visele ma poarta pe cerul,
Incarcat de culori astrale,
Cu mine este si misterul,
Ce ma-nsoteste cat e noaptea de mare.

Nu-mi este frica de singuratate,
Caci inima de bucurie-i plina,
Si langa mine stau stelele toate,
Ce-mi dau caldura si lumina.

M-am intrebat

M-am intrebat,
De ce stelele cad?
De ce in urma lor,
Ramane doar un gol?

M-am intrebat,
De ce sta cerul intristat,
De ce este suparat,
Atunci cand stelele cad?

Si-o tristete-a cuprins inima,
Stiind ca stelele cad,
Si ramane doar urma,
Unui suflet curat.

Nu vreau sa cada,
Nu vreau sa cada stele din cer,
Sa ramana doar o pata,
Asezata pe el.

Vreau cerul sa fie,
Sa fie plin de culori,
Bucuria sa reinvie,
Pe-un cer curat si fara nori.

M-am razbunat

M-am razbunat, pe dragostea ta,
Si-am adunat mult frig,
Mult frig in inima mea,
Si-acum as vrea sa strig.

Orgoliul mi-a mancat iubirea,
Asa de simplu dintr-o-nghititura,
Si m-a cuprins dezamagirea,
Ca dragostea nu este buna.

Am aruncat clipe-adunate,
Sub saruturile de ploaie,
Si mangaierile tale, toate,
Le-am pus intr-un loc de uitare.

Iar chipul tau l-am sters,
Din mintea plina de durere.
N-am vrut sa stiu in univers,
C-o dragoste poate trai sa spere.

Acum in timpul ce-a ramas,
Vad filmul vietii derulandu-se,
Alene, parca sa-mi faca necaz,
Si inima-mi rupandumi-se.

M-ascund intre clipe

M-ascund intre clipe trecute,
In asteptarea soarelui meu,
Si caut, caut amintiri placute.
Sa le gasesc,e tare greu..

Intind maini reci de gheata cuprinse,
Sa le-ncalzesc la sufletul tau,
Iar gheata cade si se stinge,
In jarul negru, trist si greu.

Te-ntrebi de am ceva a spune,
Te-ntrebi ce zace-n capul meu,
Abia acum ai vrea o lume,
In care sa traim doar tu si eu.

Se-ntinde-o viata trista,
Zbarcita de necazuri si nevoi,
Ce vrea incet sa ma cuprinda,
Sa m-adanceasca in noroi.

Nu pot, nu vreau s-accept a spune,
Ca merg cu pasul tacerii,
Ca merg linistita-ntr-o lume,
O lume mare a pierzarii.

Stefania Rotariu

Mama adu-mi mangaierea

Mama adu-mi mangaierea,
Cand tristetea ma apasa.
Vino langa mine, fii aievea,
Adu-mi o vorba de-a ta duioasa.

Pune-mi mana pe frunte,
Cand viata ma atinge si ma arde,
Spune-mi mama cuvinte multe,
Cuvintele de-mbarbatare.

Mi-e tare dor de-a ta imbratisare,
Atunci cand ma luai in brate,
Si imi dadeai o sarutare,
Plina de farmec, de tandrete.

Stefania Rotariu

Macar o noapte

Macar o noapte cu tine,
Sa pot primi in dar,
Si m-as simti mai bine,
As pierde din calvar.

Doar o noapte sa reinvie,
O dragoste pierduta,
Si-un pic de bucurie,
Ar incalzi o inima franta.

De ce vreau doar atat,
O dorinta neinsemnata,
Un singur lung sarut,
Si-o dragoste de-o noapte?

Nu stiu de vreau mai mult,
Dar inima imi spune,
Ca nu pot sa te uit,
Fiindca esti unic in lume.

Degeaba caut si alerg,
Caci tu esti o poveste,
Ma amagesc si-apoi ma pierd,
Si gandul tot la tine-mi este.

Stefania Rotariu

Mereu, mereu iubim

Mereu, mereu iubim,
Si sentimente noi apar,
In dansul iubirii ne-nvartim,
Cand ne-ameteste-ncet si rar.

Ne tine-n ritmu-i ce curge alene,
Si-n fericire ne scaldam,
Apoi se duce, n-are vreme,
Si de la capat o luam.

Iubirea n-are margini,
Nu are radacini,
In iubire te macini,
Iubirii doar te-nchini.

Mi-ai promis

Mi-ai promis o dragoste eterna,
Cand inima din piept ti-am dat,
Mi-ai promis o dragoste deplina,
Dar tare repede-ai uitat.

Era semnul iubirii noastre,
Promisiunea de-a trai,
In ceruri, printre mii de astre,
Si pe pamant, printre tristeti si bucurii.

Tu ai promis cuvintele uitate,
In stropii ploii care curge,
Se-aduna-n ape-nvolburate,
Spulbera tot pe unde-ajunge.

Promisiuni si zambete strengare,
Imbat-o inima pierduta,
Nu stie de-are vreo valoare,
Sau este-o inima vanduta.

Stefania Rotariu

Mi-e dor, imi este dor

Mi-e dor de oamenii curati,
Ce pot sa-mi stea in preajma,
De oameni care-i numesc frati,
Desi nu suntem de aceeasi mama.

Mi-e dor de rasul lor curat,
Si gandul lor ce ma-nconjoara,
Ma rog si m-am tot rugat,
Sa-mi fie-n preajma ca odinioara.

Sunt oameni simpli si voiosi,
Si inima li-i mare si cuprinzatoare,
De intri-acolo nu mai iesi,
Sunt oameni, care-ti leaga rana cand te doare.

Stefania Rotariu

Mi-e dor de al meu dor

Mi-e dor de-al meu dor,
Si caut dimineata-n zori,
Pe-o perna de timpuri stearsa,
O fata placuta, o fata frumoasa.

Mi-e dor de ochii ce-i priveam,
Lumina lor o contemplam,
Privind la stelele pe cer,
In care ne amestecam cu el.

Mi-e dor de buzele,
Care sorbeau cuvintele,
Sarutate de petalele florilor.
O Doamne, cat imi e de dor!

Mi-e dor, tare mi-e dor,
De-un zambet uitat pe roua florilor,
Ce se usuca, se vestejeste,
Si dupa-atingerea lui tanjeste.

Dar il voi prinde intr-o zi,
Si-atunci, la ureche-i voi sopti,
Ca-mi este dor, mereu mi-e dor,
De chipul drag, chinuitor.

Stefania Rotariu

Mi-e dor de tine

De cand nu te-am vazut,
Mama, draga mama,
Gandul mi s-a oprit,
Si mintea mea te cheama.

De cand nu te-am vazut,
Inima ma-ndeamna,
Ma-ndeamna sa te-ascult,
Si sa ma-ntorc in graba.

Mi-e dor de zambetul tau cald,
De fata minunata,
De glasul moale si suav,
Ce-mi povestea o viata de-altadata.

Si felul de-a vorbi,
Si-a vedea lucruri,
Si pentru tot a multumi,
Fiindca tu stii sa te bucuri.

Mirifica

Mirifica este chemarea,
Iubirii care se-nfiripa,
Iti da grabita sarutarea,
Pe buzele ce se-nfierbanta.

Coboara peste fruntea asudata,
Umpluta cu margaritare,
Iti da fiorii de tanara fata,
Cand dragostea iti da tarcoale.

Si zbori, te-ntinzi pana la ceruri,
Nevrand sa mai cobori vreodata,
Iar viata ti se umple de peneluri,
Ce-ti deseneaza iubirea asteptata.

Mosul nostru, Mos Craciun

Mosul nostru, Mos Craciun,
Te astept de mult sa vii,
Si am pus intr-un coltun,
Un bilet, ca sa ma stii.

Mos Craciun cu barba alba,
Coborat de prin povesti,
De-i veni vreodata-n graba,
Te rog, sa nu ma ocolesti.

Nu vreau multe jucarii,
Nici bomboane, ciocolata,
Vreau doar tu ca sa mai vii,
S-o aduci pe mama-ndata.

Mos grabit ce fugi mereu,
Prin nameti cu sania mare,
Stii ca sunt copil si eu,
Si te-astept cu nerabdare.

N-am inteles

N-am inteles de ce uneori,
Lucrurile simple se complica.
N-am inteles de ce doar in zori,
Mintea e limpede si te ridica.

N-am inteles,
De ce roua diminetii,
Are adesea gust,
Imprumutat din zbaterile vietii.

Nimic n-am inteles,
Din ce se afla printre stele,
De ce culeg atata sens,
Si ce se-aduna printre ele?

Sunt multe fara de-nteles,
Descoperite sau pierdute,
Si toate cred ca au un sens,
Nu sunt doar intamplari trecute.

Stefania Rotariu

Nici-o stea

Nici-o stea cu inima franta,
Nu poate straluci.
Numai atunci cand e iubita,
Ea poate iubi.

Si-i da din stralucirea ei,
Doar celui ce-o iubeste.
Ii lumineaza noptile tarzii,
Si pentru el vesnic traieste.

Ca sa traiesc precum o stea,
Ti-am pus in mana pulberea de stele,
Si langa ele inima mea,
A inceput sa lumineze ca si ele.

Lumina ei te protejeaza ca un zid,
Cand neagra ti-e cararea,
La mine se intoarce al tau gand,
Cand inima-ti cauta-alinarea.

Si-asa te voi vegehea de sus,
Amestecata printre stele,
Si niciodata nu voi avea apus,
Findca vesnic, eu sunt parte din ele.

Nimic nu e ca marea

Privesc la marea ce se zbate,
De-aici si pana sus departe,
Nu stii de-i mare sau e cer,
Te-afunzi in marele mister.

Cu multa, multa generozitate,
A pus culoare Dumnezeu in toate,
Tablouri mari se desfasoara,
In zorii zilei si pana in seara.

E gratis totul, este pentru tine,
Priveste omule mai bine,
Sunt toate, toate adunate,
Sa te rasfete,sa te-ncante.

Nici pictorii de-odinioara,
Nu pot sa puna in valoare,
Oricat de mare le-ar fi faima,
Pictura lor nu este-aidoma.

Stefania Rotariu

Nimic nu se intampla

Nimic nu se poate intampla,
Daca inima nu-mi cere,
Si-i dau inimii ce-o vrea,
Caci ea-mi aduce mangaiere.

Nimeni nu-mi sta alaturi,
Cand ochii mei suspina,
Doar inima culege lacrimi,
Si plange langa mine.

Mi-e inima prieten,
Cand nu stiu sa aleg,
De stau in intuneric,
Cu ea ma tot petrec.

Stefania Rotariu

Nisipul

Pe nisipul alb, fierbinte,
Eu,voi scrie trei cuvinte,
Numele, iubirea ta,
Si te rog nu ma uita.

Daca marea le va sterge,
Pamantul le va culege,
Sunt sapate-acolo adanc,
Lumea trece, ele sunt.

Stefania Rotariu

Nu ai nimic

Nu ai nimic,
Daca nu ai iubire.
Nu ai nimic,
Daca inima nu freamata in tine.

Nu ai nimic,
Daca nu ai cui darui,
Iubirea ce te-a hranit,
Iubirea pentru care poti trai.

Nu ai nimic,
Daca nu ai cui spune,
Ce mult ai iubit,
Si ce iubesti in lume.

Iubim, iubim atat de mult,
Apoi o clipa sau o fapta,
Apare si dragostea s-a rupt,
Ramane doar o inima ce-asteapta.

Cauta locuri si se hraneste,
Din durerea ce-a patruns,
Si n-are putere, nu traieste,
Caci dorul de viata i s-a stins.

Stefania Rotariu

Nu conteaza decat

Nu conteaza decat,
Dragostea ce-o ai pentru mine.
Doar atat, doar atat,
Are valoare-n asta lume.

Imi aduci multa dragoste,
Incat nu ma satur, nu pot,
S-o adun pentru zilele,
In care pleci si nu te vad.

De pleci o zi sau chiar mai multe,
Totul ramane rece si pustiu,
Te caut pe carari tacute,
Caci unde esti, nu stiu.

Imi dai de veste ca vii iara,
Si imi aduci doar bucurii,
Iar inima mi se-nfioara,
Cand tu apari in zori de zi.

Stefania Rotariu

Nu ma cauta

Nu ma cauta ,
Doar in ziua bucuriei mele,
Cauta-ma daca trista sunt,
Sa-mi fii un dar, o magaiere,
Sa-mi dai un umar ca sa plang.
Nu ma cauta,
Daca inima nu-ti cere,
Cuta-ma daca strig,
In intunericul care se cerne.

Nu-mi gasesc cuvintele

Nu-mi gasesc cuvintele,
Sa-ti spun cat te iubesc.
Si-mi stau lipite buzele,
Sa nu te-ating, sa te ranesc.

Cu-a mea privire te mangai,
Cand imi apari in cale
Si-ti spun mereu sa mai ramai,
Caci dorul dupa tine doare.

Tu razi frumos si strengareste,
Mi-arunci cate-o privire,
Ce se aprinde, scormoneste,
Toate simtirile din mine.

Fiorii repezi ai placerii,
Coboara-n trupul chinuit,
Strivit de patima tacerii,
In care esti, te-ai contopit.

Stefania Rotariu

Nu, nu pot

Nu, nu pot trai fara iubire,
Nu pot sa vad nici-un apus,
Fara umila mea traire,
In care Dumnezeu m-a pus.

Nu pot sa las o inima pribeaga,
Fara simtirea de-a iubi.
Nu este, nu va fi intreaga,
Fara comoara inimii.

Nu pot si nu-ndraznesc,
Sa las iubirea calatoare,
Coroana ei o-mpodobesc,
C-o inima nemuritoare.

Nu poti sa stingi

Nu poti sa stingi,
O dragoste ce arde,
Tu poti doar sa plangi,
C-o inima ce trista sade.

Nu poti sa te amesteci,
Prin ganduri care vin,
Nu poti sa te petreci,
Fara sa stii si cand.

Nimic nu poti sa faci,
Esti singura, fara putere,
Tu poti, tu poti s-alergi,
Pe-a vietii lunga alee.

Iar viata te conduce,
Te poarta daca vrei,
Desi nu stii unde te duce,
Tu mergi cu pasii ei.

Ca orbul mergi inainte,
Mergi fara oprire,
Fara sa-ntrebi, tu stai cuminte,
Si ea te poarta in nestire.

Stefania Rotariu

Nu stiu

Nu stiu,
Nu te pot uita.
Nu stiu,
Mai este timp in viata mea?

Ma-ntorc in timp,
Si caut, caut ceva,
O melodie sau un ritm,
Sa-mi inveseleasca viata.

Dar fara tine,
Viata e-un mit,
Ce sade-ascuns bine,
Si greu de deslusit.

Incerc sa fiu tare,
Incerc sa te uit,
Dar lipsa ta ma doare,
Si cad in loc sa ma ridic.

As vrea sa fiu cu tine,
Sa te-ating, sa te sarut,
Sa-ti spun ca mi-e bine,
Sa-ti spun, cat te iubesc de mult.

Insa distanta coboara,
Peste inima mea,
Si sentimentele de-odinioara,
Strivesc cate putin din ea.

Nu stiu daca a ta iubire

Nu stiu daca a ta iubire,
Este iubirea din povesti,
Sau doar ma porti in amagire,
Sau doar cu gandul esti.

Nu stiu a ma increde in cuvinte,
Ce mi le spui cu usurinta,
Sau doar traiesti la mine-n minte,
Si esti mereu doar o dorinta.

Atatea intrebari imi pun,
Ca nu stiu unde-i raspunsul.
N-as vrea sa fie prea tarziu,
N-as vrea sa-ti pierd surasul.

Nu stiu, nu pot

Nu stiu, nu pot,
A numara speranta.
Te vreau langa mine tot,
Si sa ignor distanta.

Nu stiu, nu vreau sa stiu,
Ca esti departe de mine,
Si langa tine-as vrea sa fiu,
Chiar daca voi infrunta o lume.

Nu stiu de voi obosi vreodata,
Spre tine sa colind,
Sa-ti dau iubirea mea curata,
In ea sa iti gasesti alint.

Oare poti sa ma iubesti?

Oare poti sa ma iubesti,
Asa cum sunt?
Oare poti sa traiesti,
Doar cu mine pe pamant?

Poti sa-mparti luna si soarele,
Poti sa-mi daruiesti dragostea,
Si toate, toate zilele,
Din viata ta?

Oare poti sa-ntelegi,
Ce sunt, ce-as vrea,
Poti mistere sa dezlegi,
Despre toata fiinta mea?

Poti o clipa s-o aduni,
Pentru mine-n graba,
Grijuliu s-o tii in pumni,
Sa n-o lasi sa cada?

Oare ce poti tu sa faci,
Pentru-a mea iubire,
Inima sa mi-o impaci,
Doar cu o privire?

Stefania Rotariu

Oamenii sunt tristi

Oamenii sunt tristi,
Caci, cineva a-mprastiat tristetea.
Oamenii sunt pesimisti,
Fiindca si-au pierdut tandretea.

Iubirea omului,
Uneori sta sa apuna,
Nu recunoaste zambetul aproapelui,
Nu mai viseaza sub clarul de luna.

Cineva a furat bucuria,
A dus-o, a vandut-o pe nimic,
Si-a imprastiat dezamagirea,
In orice loc, oricat de mic.

Totu-i atins si inghetat,
Intr-o lume inghetata,
Si totul este conservat,
Pe-un raft, intr-o debara uitata.

Stefania Rotariu

Odihneste Doamne

Odihneste Doamne,
Odihneste-o inima buna,
Inima unei mame,
Obosita intr-o lume straina.

Ocroteste-i zambetul,
Ce duioasa mi-l trimetea,
Cand odata cu timpul,
Ma iveam in fata sa.

Da-i liniste Doamne,
Si da-i ce n-am putut sa-i dau,
Din timpul ce musca din mine,
Fara sa-i umplu ochii, cand tristi ma cautau.

Opreste-te omule!

Opreste-te omule doar un minut,
Uita de lumea ce te-ncojoara,
Vezi ce mai faci si ce-ai facut,
Vezi daca viata ta nu-i o viata goala.

Alergi, alergi fara sa vezi,
Ce trece peste tine, te-nconjoara,
Si mai apoi ce-ai sa culegi,
Doar lucruri si-o singuratate-amara?

Esti plin de viata, sanatos,
Daruieste din ce-ai acum,
Daruieste zambetu-ti frumos,
Traieste, fii cu viata plin.

Caci vine ziua socotelii,
Cand vei dori si tu ca sa traiesti,
Dar ti se vor termina anii,
Si anii inapoi nu-i mai primesti.

Stefania Rotariu

Orasul de clestar

Orasul de clestar sta adormit,
Sub noaptea grea si cernita.
As vrea sa pot sa dorm un pic,
Dar gandul nu ma lasa o clipa.

Incerc s-adun geana peste geana,
Dar ochii-mi refuza placerea.
Ma-ntorc obosita si-acopar c-o mana,
In intuneric sa-mi ascund privirea.

Nu stiu de ce-n puterea noptii,
Gandul refuza sa se-ntoarca,
In visul frumos in care sortii,
Pe splendide carari ma poarta.

O vorba

O vorba, doar o vorba-ai aruncat,
Fara sa stii, sa te gandesti,
C-o inima-ai amanetat,
Ce ti-a jurat o dragoste pe veci.

Te joci cu iubirea, te joci cu focul,
Spunand cuvinte care,
Nu isi au timpul si nici locul,
Cuvinte ce-si pierd a lor valoare.

Sa spui ''Te iubesc'',
Este usor si nimic nu doare.
Sa spui '' Te doresc'',
Nu-i greu si nici-o implicare.

Stefania Rotariu

Pareri de rau

In minte-mi vin pareri de rau,
Pentru trecuta-mi viata,
S-a scurs la vale ca un rau,
Ce sursura in dimineata.

Isi duce cantecul spre tarmuri,
Si-l murmura fara-ncetare,
S-au risipit anii si vremuri,
In lucruri fara de valoare.

Si ce-a ramas acum in urma,
Pareri de rau, pareri de rau,
Si-o viata singura si sumbra,
In care ma gasesc doar eu.

Stefania Rotariu

Pe buzele tale

Pe buzele tale,
Sta scrisa dorinta,
Sarutului care,
Poate sa-mi stinga neputinta.

Incerc s-ajung la ele,
Dar calea-i asa lunga,
Le-amestec in mistere,
Si-n somnul care se preumbla.

Le-ating apoi usor,
Dar ele doar se sting,
Dispar lasand un gol,
Lasand o umbra peste timp.

Mi-e dor de buzele tale,
Mi-e dor de un sarut,
Mi-e dor atat de tare,
Mi-e dor atat de mult!

Stefania Rotariu

Pentru tine

Pentru tine soarele straluceste,
Fara tine noaptea e pustie.
Pentru tine viata ma trezeste,
Si zorile sunt o mare bucurie.

Pentru tine inima imi bate,
Dar fara tine viata n-are rost.
Pentru tine bucuriile sunt toate,
Langa tine, doar langa tine vreau sa traiesc.

Pentru tine deschid ochii dimineata,
Si privirile te cauta mereu,
Tie iti inchin toata viata,
Si tu, doar tu esti visul meu.

La tine incepe si se termina,
Seva vietii mele.
Tu ma ridici din intuneric in lumina,
Atunci cand speranta mea piere.

Esti si ramai ultima cale,
In care eu voi poposi,
Si nu voi cauta alta-alinare,
Tu esti cu mine si mereu vei fi.

Stefania Rotariu

Pe-o banca

Pe-o banca plina de frunze,
Se odihneste-un trandafir,
Si sta ca subiect al unei muze,
Ce-l mangaie putin, cate putin.

Petalele i le atinge,
Si le saruta-n patima,
Culoarea rosie ii frige,
Obrazul ce se clatina.

Apoi, usor silentios,
Il pune iar pe banca,
Sa-l ia in mana-un chip frumos,
Si sa-i soarba-a lui mireasma.

Stefania Rotariu

Pe-o mare

Pe-o mare de cuvinte,
Inoata inima,
Si merge, merge-nainte,
Chiar daca simte primejdia.

Pe-o mare de cuvinte,
Se-asterne apoi tacerea,
Cand o inima fierbinte,
Isi pierde trairea.

Iar marea de cuvinte,
Dispare-apoi pierduta,
Si nu-i involburata ca-nainte,
Ramane, doar o mare tacuta.

Plange-o salcie

Plange-o salcie,
Cuprinsa de gandul rece,
Ce o strange si-o imbie,
In tristete o petrece.

Si-i adie-ncet suflarea,
Ce se scalda in lumina,
Sa-i opreasca alinarea,
Sa o faca sa se stinga.

Lacrimile-i curg siroaie,
Si se-mprastie in tina,
Ploii venita sa-nmoaie,
Gandurile-i fara vina.

Plange toamna

Plange toamna,
Infasurata-n frunze colorate,
Pastreaza inca urma,
Verii grabite si-agitate.

Iar murmurul cuvintelor ascunse,
Apasa toamna ruginie,
Si-i da culori intunecate, stinse,
Caci soarele-i plecat in calatorie.

Si trece timpul,
Iar toamna trista stie,
Sa-ntoarca iar rastimpul,
Cand va dormi in poezie.

Poti spune?

Poti spune unei lacrimi sa nu curga,
Cand inima in lacrimi se scalda?
Poti spune ca poate s-apuna,
Durerea ce inima-o dezmiarda?

Cum poti opri un rau ce izvoraste,
Cuprins de cuvinte nerostite,
Se-opresc in linistea ce creste,
De frica dragostei fierbinte?

Nu ai puterea de-a decide,
Sau lacrima de a opri,
Cand ea pe fata se prelinge,
Si iti saruta-adanc obrajii.

Stefania Rotariu

Prietenia este-un dar

Prietenia este-un dar,
Primit de sus, din cer.
Ea vine, se aseaza rar,
Si daca pleaca lasa un semn.

Prietenia in inima traieste,
Ea rade si plange cu tine.
Prietenia, asa cum esti te pretuieste,
Si-ntotdeauna iti vrea bine.

Prietenia umarul ti-l daruieste,
Cand obosit vrei sa te-asezi,
Sa-i spui ce doare, ce loveste,
Ce ai dori sau ce visezi.

Stefania Rotariu

Prietenul necunoscut

Te-ai dus prieten bun, necunoscut,
Acolo sus, acolo-n ceruri,
Printre stele te-ai pierdut,
Si dormi intre misteruri.

Eu n-am stiut valoarea ta,
Caci timpul meu alearga,
Si-am transformat aprecierea,
In cautarea simpla si banala.

Acum citesc doar randuri scrise,
Lasate pe-un mesaj,
Si-s randuri tare triste,
Sa te cunosc, nu am avut ragaz.

Privirile mi s-au oprit

Privirile mi s-au oprit,
Intr-un trecut indepartat,
Peste o viata ce-am trait,
Care a fost, s-a terminat.

Acum cu pasii de copil,
O iau din nou de la-nceput,
Ma-mpiedic si nu stiu,
Cum pot sa-naintez fara trecut.

Sunt lucruri noi ce ma inunda,
Si ma lovesc mai mult, mai mult,
Caut un loc sau macar o umbra,
Unde sa stau, sa ma ascund.

Dar viata isi intinde ale ei brate,
Si ma cuprinde fara sa respir,
Nu are mila sau tandrete,
Sa ma atinga mai subtil.

Vine, se pune ca si tavalugul,
Ce nu-ti da ragazul sa respiri,
Si te trezesti ca esti arat cu plugul,
Iar caile le-alegi fara sa stii.

Stefania Rotariu

Greseli se-aduna la gramada,
Si te trezesti c-ai obosit,
Dar viata nu te lasa prada,
Ea te ridica mai sus si mai puternic.

Rasare-o dragoste

Rasare-o dragoste firava,
Ce s-a oprit in viata mea,
Ma cerceteaza si ma-ntreaba,
De am un timp si pentru ea.

Apoi vine sa ma incolteasca,
Sa-mi bata iarasi inima,
Sa o alung, sa poposeaca,
S-o las acolo unde-o vrea?

Este sireata, te cuprinde,
Apoi te poarta peste tot,
Si inima incet ti-o prinde,
Te schimba, esti al ei robot.

Nu obosesti, nu ai oprire,
De vine vrei mai mult, mai mult,
Si intr-o zi fuge-n nestire,
Cu inima, cu viata si cu tot.

De n-o primesti pleaca grabita,
Te lasa in singuratate,
Ramai o inima pierduta,
Ce plangi si-astepti in noapte.

Stefania Rotariu

Revad valurile marii

Revad valurile marii zbatandu-se,
De tampla vremii de mult apuse,
Si ma ating cu racoarea lor,
Mangaindu-mi corpul usor.

Ma dezmierd in apa involburata,
Cuprinsa de valuri si agitata,
Culeg,vreau mai multa placere,
Si nu ma satur, fiinta mea cere.

Iar briza marii usor ma saruta,
Cu-atingrea-i calda pe tampla,
Si stau culeg, culeg placere,
Ii dau totul fiintei care imi cere.

Stefania Rotariu

S-a rupt o raza

S-a rupt o raza de lumina,
Si intunericu-a patruns,
S-a adancit in linistea deplina,
Si un fior mai rece m-a cuprins.

Incerc sa-mi scot din minte,
Un gand ce roade tare,
Aduce tristetea fierbinte,
Si-o pune-n inima ca alinare.

De strig, strigarea se transforma,
Intr-un ecou mai mic, mai mic,
Se pierde, n-are nici-o noima,
Iar eu simt cum ma sting.

Stefania Rotariu

S-a stins

S-a stins o lumina,
Ce palpaia bolnava,
In inima plina,
De-o dragoste firava.

S-a stins o ultima urma,
Si locul a ramas,
Gol si doar o umbra,
Ce trista s-a retras.

S-a stins fara sa aiba,
Ragazul de-a privi,
O fata trista, alba,
Brazdata de lacrimi.

Scrisoare catre mama

Iti scriu cu litere-nmuiate in cerneala,
Ce curge-acum in mintea mea,
Scrisoare catre tine mama,
Catre o inima ce-i tare grea.

Singuratatea te rapune,
Si zile trec, nu sunt zglobii.
Pasesti acum pe-o-ntreaga lume,
Si ganduri ti se-aduna mii.

Stiu ca e greu si sunt suspine,
Cand anii vin si inopteaza,
Mamica draga peste tine,
Te-apasa greu, te-mpovareaza.

Dar ochii-albastri ca si marea,
Sa-ti vada mama bucurii,
Sa iti aduca alinarea,
Ca nu esti singura, sa stii.

Se scurg clipele

Se scurg clipele,
Intr-o asteptare surda,
Si urmaresc privirile,
Ascunse dup-o umbra.

Si lasa-un gol,
Peste zilele trecute,
Acoperite intr-un nor,
Al ploii reci si mute.

Se-ascunde tristete,
Si multa, multa durere,
In privirea ce da sa inghete,
Si inceteaza sa mai spere.

Spune unde esti

Spune-mi unde esti,
Unde te pot gasi iubire,
De ce ma pacalesti,
Si te tot joci cu mine?

De-atatea ori tu ai venit,
Si usa mea ti-a fost deschisa,
Cu drag si dor eu te-am primit,
Dar tu-ai fugit si-am ramas trista.

Ce pot sa cred, ce pot sa sper,
Cand tu esti mereu misterioasa,
Imi daruiesti aripi fara sa-ti cer,
Si imi arati o lume preafrumoasa.

Dar vii apoi in miez de zi,
Si-ti iei-napoi tributul,
Promiti ca vii si vii,
Dar ti-ai pierdut cuvantul.

Stefania Rotariu

Spune-mi

Spune-mi daca intr-o doara,
Mintea ti se zguduie,
Sa arunci ce-i sfant afara,
Sa te-asemeni cu o mumie?

Dai cuvinte de ocara,
Si le-mprastii far' o noima,
Ca esti mare, multa scoala,
Dar nu esti decat o ciorna.

Insiri diplome si titluri,
Ti se-aprind in maini bizare,
Ai cuvinte si le vanturi,
Parca lumea fara tine moare.

Om lipsit de frumusete,
Nu ucide ce-i frumos,
Lasa visul sa te-mbete,
Sa traiesti cu vre-un folos.

N-am a-ti spune cat ma doare,
Cand te vad inscriptionat,
Cu-ale tale titluri care,
Vor zace intr-un dulap.

Stefania Rotariu

Straina

Straina poposesc in lume,
In lumea asta-atat de mare,
Si nici nu pot sa-i dau un nume,
Ma-nghite fara rasuflare.

Straina ma amestec printre oameni,
Unii voiosi, iar altii plini de ura,
Dar ii iubesc fiindca imi sunt semeni,
Si-a Domnului frumoasa creatura.

Strainatatea sapa in a ta fiinta,
Te macina putin, cate putin,
Si-n anii care-alearga fara biruinta,
Te-ngenunchiaza ca pe-un rob infirm.

Nu mai gandesti si nu mai ai valoare,
Nimic pe lume nu te defineste,
Ramai un numar scris pe-o coala mare,
De mori, nimeni nu te pomeneste.

Sunt ca o frunza

Sunt ca o frunza care cade,
Dintr-un copac ce-i obosit,
Isi pierde haina ce se roade,
Peste pamantu-acoperit.

Ma duce vantul si ma poarta,
Peste carari si ape-nvolburate,
Nu-i pasa vantului de a mea soarta,
Ori dac-am obosit tarziu in noapte.

Apoi ma lasa si-s pierduta,
Pe undeva pe o carare,
Si stau cuminte si tacuta,
Astept a vantului suflare.

Sunt clipe

Sunt clipe-n care,
Doresc sa-ti spun,
Ceva ce nu-mi da pace, doare,
Si-mi amintesc, ca esti alt om acum.

Iar gandurile se opresc,
Nu mai au aripi ca sa zboare,
Isi pierd avantul, se racesc,
Se pierd si nu mai au valoare.

Sunt clipe-n care te zaresc,
Si fug grabita catre tine,
Dar pasii dintr-odata se opresc,
Imi amintesc, ca nu mai esti cu mine.

Si daca clipele-amintirii poposesc,
In gandu-mi care te ridica,
Tot eu ma caut, ma gasesc,
Singura doar eu si-o clipa.

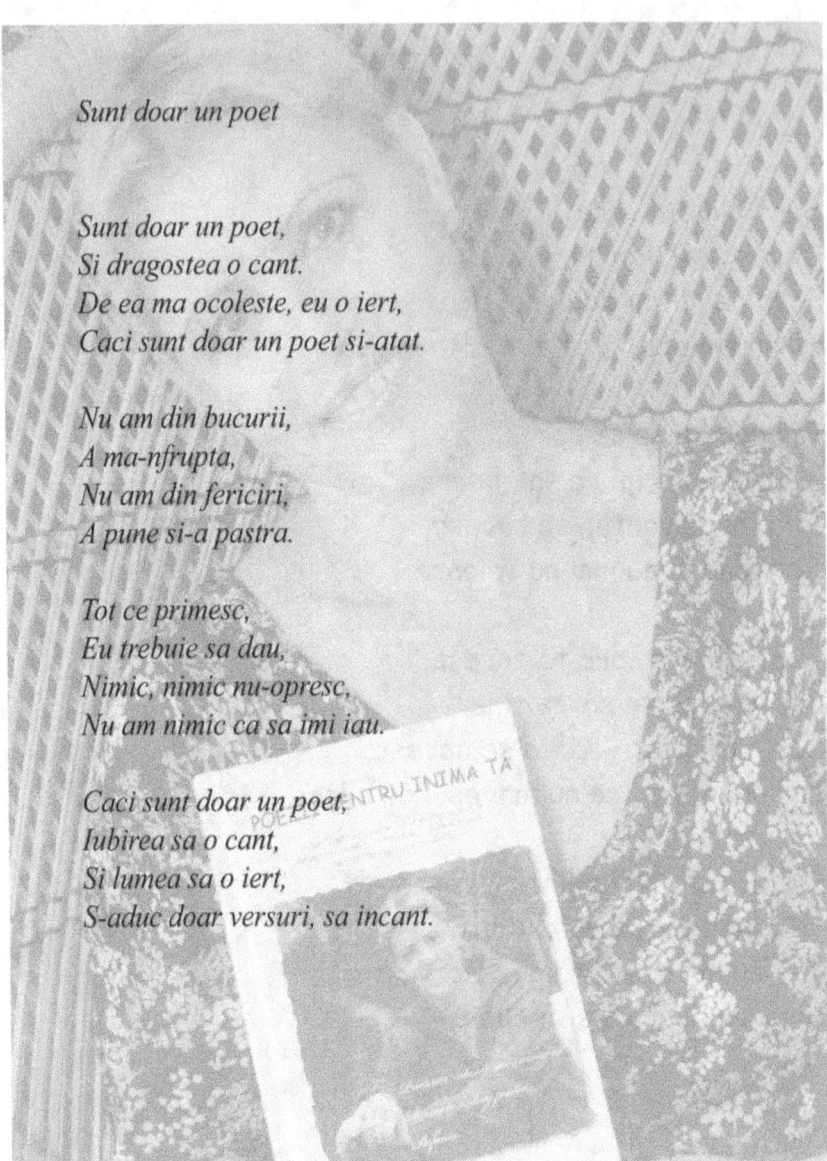

Sunt doar un poet

Sunt doar un poet,
Si dragostea o cant.
De ea ma ocoleste, eu o iert,
Caci sunt doar un poet si-atat.

Nu am din bucurii,
A ma-nfrupta,
Nu am din fericiri,
A pune si-a pastra.

Tot ce primesc,
Eu trebuie sa dau,
Nimic, nimic nu-opresc,
Nu am nimic ca sa imi iau.

Caci sunt doar un poet,
Iubirea sa o cant,
Si lumea sa o iert,
S-aduc doar versuri, sa incant.

Sunt oameni minunati

Sunt oameni minunati,
Care doar vin, sunt calatori,
Si intr-o zi ei sunt plecati,
Spre alte lumi, spre alte zari.

Aici ei vin s-aduca bucurie,
Din harul lor sa-mparta,
Si lasa pentru vesnicie,
Un nume pentru arta.

Ei se duc, dar numele ramane,
Sapat in memoria timpului,
Ce traieste multi ani si multe zile,
In fiecare om al pamantului.

Sunt prea departe

Sunt prea departe de tine,
Prea departe de inima ta,
Dar stiu c-asa este mai bine,
Si in curand ne vom uita.

Sunt prea departe de sarutul,
Diminetilor tarzii,
Dar se va sterge totul,
Si tu nu vei mai vrea sa stii.

Iar alta mangaiere,
Va atinge buzele calde,
Si va sterge urma de pe ele,
Urma saruturilor tale.

Sunt zile-n care

Sunt zile-n care,
Doar ating penelul,
Si mintea searbada, fara culoare,
Priveste trista cerul.

Nu vin cuvinte si nici ganduri,
Ci doar o slabiciune,
Ce-aduce vreme si suspinuri,
Caci nu-nteleg aceasta lume.

Ma pierd cu vise si sperante,
Ce le-am nutrit atata vreme,
Si mi se par ca sunt desarte,
Nu stiu ce-n urma lor se-asterne.

Apoi, privesc doar cum se misca,
O lume obosita, rece,
Traieste, parca nu exista,
Si timpul peste ea doar trece.

Sunet de vioara

Sunet de vioara,
Cantu-i raspandeste,
Peste-o inimioara,
Ce se-nveseleste.

Cantec lin te-nbie,
Intra in fiinta,
Care inca-i vie,
N-a pierdut vointa.

Lupta si mai spera,
Si se-nvioreaza,
Este doar stinghera,
Linistita, treaza.

Sunt un izvor

Sunt un izvor,
Ce lin pe cale, curg la vale,
Si-adun, adun mult dor,
Pe-a mea lunga carare.

Sunt un izvor,
Ce-n cale v-am iesit,
Si-mpart cu voi al meu dor,
Cu dragostea, din care-am izvorat.

Sunt un izvor,
Si va adap din mine,
Cu vorbe blande, ce nu dor,
Cu vorbe ce imprastie safire.

Sunt un izvor,
Si izvorasc in inimi iubitoare,
In care voi lasa in urma dor,
Acum si-n lumea viitoare.

Suntem parte din stele

Suntem parte din stele,
Avem un nume pe cer,
Si uneori ne pierdem printre ele,
Noi insine suntem mister.

Suntem parte din stele,
In praful lor ne scaldam,
Si uneori vrem pana la ele,
Pana la ele sa urcam.

Si chiar noiembrie

Si chiar noiembrie,
Luna in care iubesti.
Si de ce noiembrie,
Pe unde esti?

Noiembrie va ramane,
Luna trista a iubirii,
Luna iubirii plapande,
Zdrobita de goana despartirii.

Noiembrie, pentru unii frumoasa,
Pentru unii o simpla luna,
Destul de trista, tumultoasa,
Din care ti-ai facut cununa.

Ti-ai pus-o peste fruntea trista,
Sau poate-un pic abatuta,
Gandindu-te ca nu exista,
O dragoste atat de multa.

Dar, ce greu ma apasa,
Apasa sufletu-mi ce striga,
Dup-o iubire retrasa,
Ce-arunca vorbele in pripa.

Stefania Rotariu

Si totusi

Si totusi m-am oprit o clipa,
Privind un soare zambitor,
Era voios, statea pe-o prispa,
Si ma privea imbietor.

M-am indragostit de soare,
De flori, de pomii ce-au inflorit,
E minunat, e o splendoare,
Te-mbie la visare, cant.

Ce poate fi mai simplu, mai curat,
Cand inima-i voiasa si e plina,
De linistea curata ce-a intrat,
De-atata pace si lumina?

Si voi zbura

Si voi zbura pana la stele,
Sa duc cantarea zorilor,
Voi duce lucrurile rele,
Sa le arunc in bratul norilor.

Voi imparti razele soarelui,
Sa lumineze peste suflete,
Voi fi mireasa binelui,
Scaldata-n bucurie, zambete.

Voi da din viata mea,
Zile frumoase, insorite,
Si ma voi insoti cu lumea,
Ce cauta un pic de liniste.

Voi fi ca soarele pe cer,
O raza coborata sa-ncalzeasca,
Pamantul ce fac parte din el,
Si-n care-oi pune dragostea cereasca.

Tacerea continua se lasa

Tacerea continua se lasa,
Peste ceata-mprastiata,
Este frig, nu poti iesi din casa,
Vremea-i trista si schimbata.

Privesc o frunza ratacita,
Care se lasa lin sa cada,
Si zboara, dar nu-i grabita,
Cauta un loc sa sada.

Culori vii si-amestecate,
O imbraca-i da lumina.
In vremea rece ce se zbate,
Ea se rasfata ca o regina.

Tarziu, prea tarziu

Tarziu, prea tarziu,
Se lasa-n zare ceata,
Si aburul intens si cenusiu,
Cuprinde dimineata.

E-o liniste deplina,
Se mai aude uneori,
Un glas pierdut departe, in surdina,
Care strapunge linistea din zori.

Stau la fereastra si privesc,
Iar gandu-mi se aseaza pe-o floare,
O admir si-o cercetez,
Cat e de simpla si plina de culoare.

Vesmantu-i alb, imaculat,
Tulpina-i se intinde gratioasa,
Mirosul ei placut, curat,
Te-mbie, iti face ziua mai frumoasa.

De-o iei cu tine unde mergi,
Mirosul ei se raspandeste,
Pe-acolo pe-unde tu pasesti,
Ea-ti da placere, te-nsoteste.

Te-am intalnit

Te-am intalnit in viata mea,
Si am crezut ca esti o raza,
Dar ai adus dezamagirea,
Te-ai confundat c-o fraza.

Citesc cuvinte incurcate,
Incerc sa le dezleg menirea,
Dar sunt de gheata, sunt patate,
C-o inima ce si-a pierdut trairea.

Esti ca un sloi purtat de ape,
Si spargi corabii, le ineci,
Nu stii ca-n viata toate, toate,
Se vor intoarce, le platesti?

Te-am ridicat mai mult

Te-am ridicat mai mult,
Decat iti este starea,
Sa fii deasupra, sa nu uit,
Ca trebuie sa-ti daruiesc iubirea.

Dar ai primit nemeritat,
Caderea mea ca slabiciune,
Si ai crezut c-ai castigat,
O viata lunga cat o lume.

Se trec iubiri si-s trecatoare,
Prin vai desarte unde nu-s,
Doar sentimente de-alinare,
Sunt vorbe, lacrimi, ce te poarta-n jos.

Te-am vazut

Te-am vazut si mi-ai zambit,
Inima a luat-o la vale,
Gandul mi l-ai zapacit,
Si-mi dai mereu tarcoale.

Ma vezi cand vin,
Te-asezi cuminte langa mine,
Nu spui nimic doar ne privim,
Apoi ma-ntrebi de-mi este bine.

Cand sa-ti raspund tu ai plecat,
Si stau privind in zare,
Cuvintele s-au inecat,
In a inimii valtoare.

Te joci sau poate n-ai cuvinte,
Iar maine de te-oi vedea iara,
Nu-ti voi raspunde ca-nainte,
Voi spune doar, ca ploua-afara.

Stefania Rotariu

Te-am vazut fericit

Te-am vazut fericit,
Si inima iti rade.
N-am fost mahnita nici-un pic,
Caci viata iti surade.

Tu meriti bucurie pe deplin,
Si inima iti cere,
Sa nu traiesti tot intr-un chin,
Sa-i dai si ei placere.

N-a fost si nu va fi vreodata,
Drumurile sa se-ncurce.
Eu am o cale, tu o alta,
Carare care te tot duce.

Voi merge fericita-n drumul meu,
Stiind ca fericirea nu apune,
Si voi gandi la chipul tau,
C-a existat in alta lume.

Te caut si te pierd

Te caut si te pierd,
Esti ca o naluca.
Esti ca un cerb,
Mereu, mereu pe fuga.

Te caut si apari,
Apoi grabit iar fugi,
Cu pasii tai strengari,
Si lasi doar urme de papuci.

Cu ei navalesti,
In inimi ravasite,
Si nicicand nu gandesti,
Ca pasii lasa urme multe.

Ranesti cu urmele tale,
Lasate pe inimi ratacite,
Triste si letale,
Fara prea multe vise.

Te iubesc

Te iubesc indiferent,
Daca am spus da sau nu.
Te iubesc pentru ceea ce esti,
Ceea ce esti doar tu.

Si niciodata nu-i tarziu sa iubesc,
Chiar daca ti-am spus sau nu,
Cat de mult te pretuiesc,
Si ce esti pentru mine tu.

Te iubesc chiar daca cuvintele,
Mor inainte de-a fi spuse.
Te iubesc si pentru clipele,
Ce trec pe langa noi ascunse.

Si-ntotdeauna te iubesc,
Chiar daca nu ti-am spus,
Si doar la tine ma gandesc,
Chiar daca gandul mi-e ascuns.

Stefania Rotariu

Te tin in brate

Te tin in brate Inger al rabdarii,
Din mana ta culeg firimituri,
Ale acestei lumi unde imi tainui,
Vise si multe, multe ganduri.
Te tin in bratele fara de vlaga,
Si-astept chemarea ta,
Sa-mi dea un pic din lumea-ntreaga,
Sa fie doar a mea.
Sa gust placerea din paharul,
Vietii ce-mi sta ravasita,
Sa-ncec in el amarul,
Caci inima-mi se face trista.

Te voi iubi

Te voi iubi,
Te voi iubi poate zece vieti,
Si peste ele chiar si mii,
Sa nu regret, sa nu regreti.

Inima imi voi imparte,
In mii si mii de bucatele,
Prin locuri, pe carari departe,
Unde-am umblat si eu pe ele.

Te voi iubi c-o dragoste nebuna,
In timpuri care vor veni,
Te voi iubi de la pamant la luna,
Tu esti o bucurie si vei fi.

Te voi iubi si-apoi ma voi opri,
Sa te astept sa vii pe urma,
De vei putea, de vei dori,
S-avem o dragoste, o viata impreuna.

Iar daca n-ai sa poti sa ma ajungi,
De va fi prea tarziu cumva,
De-am disparut, sa nu ma plangi,
Ma vei gasi si vei spera.

Dar de m-am stins ca stele pe cer,
Priveste noaptea sus departe,
Si roaga-te sa fii si tu in el,
Sa fii cu mine, sa imi fii aproape.

Te zbati ca o pasare

Te zbati ca o pasare,
Deasupra unui foc,
Si-ti ard aripile,
Caci viata nu-i un joc.

Te-arunci cu ciocul in cenusa,
Anilor ce i-ai pierdut,
Nu vezi cand se deschide usa,
Pentru un nou inceput.

Si-ti dai cu capu-n usa,
Caci s-a inchis in fata ta.
Ramai doar o pasare jucausa,
Caci viata se va-nchide, nu te va astepta.

Tot din viata am primit

Tot din viata am primit,
Si am platit mare tribut.
N-am avut vreme de-odihnit,
Caci viata imi cerea mai mult, mai mult.

Si-am dat tot ce-i mai bun,
Tot ce Dumnezeu mi-a dat,
Si-as vrea sa dau mai mult si-acum,
Chiar daca viata mult m-a incercat.

Toate, toate le-am primit,
Nimic n-am refuzat,
Si-ntotdeauna-am multumit,
Si mai departe am plecat.

Sufletul nu-si gaseste alinarea,
Si-alearga, alearga,
Isi cauta mereu chemarea,
Prin lumea rece, trista, larga.

Poate-ntr-o zi, o zi,
Va fi si soare fara nori,
Iubirea-n prag va poposi,
Fara sa-ntoarca privirea-napoi.

Stefania Rotariu

Trebuie

Trebuie sa scriu azi,
Trebuie sa daruiesc,
Din inima-mi lipsita de necaz,
Iubirea sa-mpartesc.

Caci maine, maine nu se stie,
Pe unde pasii m-or purta,
Dar eu primesc si-ti dau si tie,
O particica din bucuria mea.

Prieten drag iti daruiesc,
Gandurile mele curate,
Nu am cu ce sa te-omenesc,
Doar cu aceste diamante.

Iti dau cuvinte si pareri,
Este-o scrisoare lunga,
Venita din viata si-ntamplari,
Ce-or fi cu tine, or sa te-ajunga.

Stefania Rotariu

Tremur sub soare

Tremur sub soare,
Si-ncerc sa-ntind mana,
Dar mana ma doare,
Si las in jos privirea.

Incerc sa ma ridic,
S-adun un pic de caldura,
Si iar si iar eu pic,
Puterea nu ma lasa, nu-i buna.

Si strig dupa un mic ajutor,
Din cer sa se coboare,
Dar buzele raman la locul lor,
Nu se mai misca, au paloare.

Usor, usor ma sting,
Si-mi traieste doar gandul,
Si-n tot pot sa cuprind,
Caldura si cuvantul.

Stefania Rotariu

Tu crezi

Tu crezi,
Doar ce vreau eu,
Sa crezi.
Tu stii,
Doar ce vreau eu,
Sa stii.
Tu vezi,
Doar ce vreau eu,
Sa vezi.
Dar tu nu vezi, ploaia,
Ploaia de lacrimi,
Ce se zbate si curge,
Curge la fel ca si marea,
Agitata de valul, care-o strapunge.

Tu esti a mea primavara

Tu esti a mea primavara,
Fara tine florile nu-nfloresc.
Fara tine e-ntuneric afara,
Fara tine ma ofilesc.

Tu esti caldura patrunsa-n fiinta,
Ce tresalta la zambetul tau,
Ce-asteapta cuminte cu-ngaduinta,
Sarutul pe buze mereu si mereu.

Tu esti o floare ce se-apleaca incet,
Sa dea din parfumu-i imbietor,
Sa dea un pic, cate un pic,
Doar cat sa traiesc si sa nu mor.

Tu esti, da tu esti,
Tot ce cuprinde-o lume.
Tu esti printul meu din povesti,
Ce-n umbra petrece cu mine.

Tu esti miracol

Se lasa ceata peste sat,
Si florile-si ridica capul,
Privesc inmarmurit la geam,
Te vad fugind ca un miracol.

In mana ta florile se-mbina,
Cu parfumul corpului unduitor,
Tresare-o floare in lumina,
Atinsa-ncet de parul balaior.

Si-o raza se-aprinde-n scanteia,
Ce-acopera pamantul, iarba,
Si-atinge mangaind cararea,
Piciorul care se ridica-n umbra.

Tu pe-o stanca

Tu pe-o stanca, eu pe-o stanca,
Si-ntre noi o vale-adanca.
Incerc sa caut o cale,
S-ajung la inima dumitale.

Tu pe-o stanca, eu pe-o stanca,
Cine poate sa ne-aduca,
Pe o cale impreuna,
Sa existe voie buna?

Tu pe-o stanca, eu pe-o stanca,
Intre noi o cearta-adanca,
Cine poate sa inghete,
Cearta, sa ne dea povete?

Tu pe-o stanca, eu pe-o stanca,
Doamne cat e de urata,
Linistea ce se coboara,
Peste-o cearta dintr-o doara.

Stefania Rotariu

Tu simti?

Tu simti caldura dragostei din tine?
Eu simt, ca vine pan'la mine.
Tu simti cand inima se zbate?
Eu simt, ca ea-mi trimite soapte.

Tu simti un corp ce se atinge,
De-o umbra care-i calda, frige?
Eu simt, cand mana ta coboara,
Si cauta placerea de-odinioara.

Tu simti sarutul dragostei divine?
Eu simt, si-l simt adanc in mine.
Tu simti cand eu te strig si plang?
Eu simt, ca voi trai mereu sperand.

Ti-am daruit o lacrima

Ti-am daruit o lacrima,
Si-a fost atat de mica.
Pentru tine-a fost o lacrima,
Dar pentru mine, din mine-o particica.

Ti-am daruit o lacrima,
Cand ti-am spus la revedere,
Si pentru tine-a fost o lacrima,
Ce curge in tacere.

Ti-am daruit o lacrima,
Cand ti-am spus ce mult te iubesc,
Dar pentru tine, a ramas o lacrima,
Nu ai stiut ce simt si ce nutresc.

Ti-am daruit, nu doar o lacrima,
Din mine bucati am rupt,
Cu fiecare lacrima,
Care s-a stins si a cazut.

Stefania Rotariu

Ti-am spus?

Ti-am spus,
Ca inima-mi plange,
La orice-apus,
Care se stinge?

Ti-am spus,
Ca noaptea ma invinge,
Nu ma opresc din plans,
Si timpul ei ma frige?

Ti-am spus,
Ca dorm doar in suspine,
La fiecare ceas,
Cand viata trece fara tine?

Ca viata n-are rost,
Si am pierdut si gustul,
La ce ar fi sau ar fi fost,
Sau tot ce defineste timpul?

E-un amalgan de amintiri,
Ce vin si cad si nu-s putine,
Si ma lovesc, caci sunt simtiri,
Ce roade vlaga toata-n mine.

Stefania Rotariu

Ultima inimioara

Ultima inimioara,
Ti-am trimis-o acum.
S-a rupt si-ncepe sa doara,
Nu stiu de ce si nu stiu cum.

Am incercat,
Sa ti-o trimit intreaga,
Dar ea s-a rupt,
Fiindca e firava.

Ti-o dau sa vezi ce faci cu ea,
Pe tine poate te asculta,
Ai grija, este inimioara mea,
Ti-o dau s-o ai o vreme multa.

Stefania Rotariu

Unde pot sa las

Unde pot sa-mi las dragostea,
Unde pot sa ma ascund,
Cand ea se tine scai de viata mea,
Si nu-mi da pace un minut?

Oare va fi bine, oare va fi rau,
Dragostea ma-nsoteste,
Este-un partas mereu,
De mine nu se dezlipeste.

Unde pot sa fug,
De dragostea ta,
Pe ce carari s-o mai apuc,
Sa pot sa scap de ea?

Am vrut sa n-am dragoste deloc,
Si ea sta legata bine,
Ma arde ca o flacara, un foc,
Care traieste mai adanc in mine.

Cine poate sa-mi ia dragostea,
I-o dau fara vreo plata,
Vreau doar sa scap de ea,
Sa nu mai vina niciodata.

Stefania Rotariu

Un an vine-n graba

Un an vine-n graba,
Speranta s-o astearna.
Inimi sa cuprinda,
Ochi sa nu mai planga.
Dragostea sa-nfloare,
Ca in primavara.
Buze-mbalmasate,
Sa fie sarutate.
Pahare sa se ciocneasca,
Si viata sa izvorasca,
Iar sarutul noptii,
Sa urneasca sortii,
Dragostea divina,
Sa prinda lumina.

Un gand, o lacrima

Lacrimi curg in noapte,lacrimi de tristete,
Lacrimi ce inunda primavara vietii,
Si anii trec, se scurg in singuratate,
Ma sting ca un abur risipit in noapte.

Tristetea tresalta la strigatul greu,
Ce se-adanceste in pieptul meu,
Si striga chemand dezamagirea,
Care-mi aduce incet pieirea.

Atat de trista sunt si plang atat de mult,
O vreme ce apune, o vreme ce-a trecut,
Iar ochii nu-nceteaza sa caute o raza,
Prin miile de raze a soarelui de-amiaza.

Un nor a trecut

Un nor a trecut,
Si-a lasat in urma sa,
Doar intuneric mult,
Pe-o inima ce trista sta.

Era o inima schimbata,
Si isi pierduse veselia,
Nu mai era ca alta data,
Sa imparteasca bucuria.

Apoi soarele a rasarit,
Si-a cuprins inima,
Din lumina lui i-a daruit,
O raza ce-o avea.

Un vapor

Un vapor pleaca cu dragostea,
Si-o poarta departe, departe,
Lasad in urma sa,
Doar marea care ne desparte.

Un vapor doarme undeva,
C-o dragoste furata,
Si s-a facut stapan pe ea,
N-o intoarce inapoi vreodata.

Privesc cum duce un vapor,
Iubirea-mi ce se stinge,
Se stinge-n departare ca un nor,
Pe-o apa care curge, frige.

As vrea sa urc pe-acel vapor,
Sa-mi iau inapoi iubirea,
Si i-as lasa doar locul gol,
Sa-l cuprinda nefericirea.

Stefania Rotariu

Uneori dragostea exista

Uneori dragostea exista,
Acolo unde-i multa durere,
Si tristetea nu rezista,
Caci inimile, au puterea sa spere.

Uneori dragostea e-mpartita,
Cu multa daruire, bucurie,
Si nu exista nici-o limita,
Este-o sfanta datorie.

Daruieste dragoste de multe ori,
Acolo unde-asteapta o inima ranita,
Fara sa cauti de-a avea comori,
Fa o inima sa fie fericita.

Va fi si maine-o zi

Va fi si maine-o zi,
Traita-n fericire.
Iubire, iubirea mea dintai,
E bine langa tine.

Sperante, multe bucurii,
Si vise-mi daruiesti,
A fost doar visul meu sa vii,
Un vis pentr-o iubire ca-n povesti.

Traiesc doar clipe-n fericire,
Nu de stiu de este-aievea,
Nu stiu de-i nalucire,
Doar stiu ca m-a cuprins iubirea.

As da o mie de vieti,
Pentr-o viata langa tine,
Iubirea mea sa nu mai pleci,
Iubirea mea sa fii cu mine.

Viata este

Viata este plina de lacrimi.
Lacrimi de fericire,
Lacrimi de tristete,
Viata este plina de lacrimi.
Lacrimi pline de iubire,
De amagire lacrimi.
Dar inima ta poate,
Sa transforme lacrimi,
In iubire si fericire.
Inima ta are toate,
Cuprinse doar in tine,
Cuprinse in omul care poate.
Tu esti putere, bucurie,
Tu esti persoana care,
Le-aduna fara de oprire,
Transforma-n libertate,
Sperante, vise, bucurii,
Cuvintele pastrate,
De ani si vremuri timpurii,
In inima purtate.

Viata mea

Viata mea are un rost,
Pentru ca existi, ai fost,
Visele mele sunt mai vii,
In viata mea de stai, ramai.

Inima-mi bate mai tare,
Si-mparte-o dragoste mare,
Cu tine-n fiecare zi,
Iubirea mea fiindca ramai.

Si fiecare clipa langa tine,
Ma face puternica, sunt bine.
Imi da vointa ca sa zbor,
Sa urc tot sus, sa nu cobor.

Stefania Rotariu

Vino cu mine

Vino cu mine sa-ti arat o lume,
Unde soarele nu doarme si nu apune.
Sa-ti descopar o viata, un vis,
In care esti vesel, niciodata trist.

Lasa ganduri si dorintele ne-mplinite,
In viata asta unde nimeni, nu sta sa te asculte.
Primeste chemarea lumii-nsorite,
Lumii in care ai o viata-nainte.

Pastreaza-acea lume-n mainile tale,
N-o darui pe lucruri lipsite de valoare,
Ia tot ce-i placut sa te-nsoteasca,
In lumea lipsita de-atentia lumeasca.

Vino cu mine om bland si bun,
Putem sa avem acelasi drum.
Doar dragostea poate sa fie-n bagaj,
Ai grija ca niciodata sa n-o uiti, sa n-o lasi.

Stefania Rotariu

Voi renunta

Voi renunta la fiinta ce-n mine-i parte,
La viata care ne unea,
Voi renunta la sarutarile toate,
Ce-acopereau fiinta mea.

Cu inima ingenuncheata,
Voi pasi in neantul,
Uitarii clipei ce asteapta,
Sa-si primeasca tributul.

Voi renunta la tine, la noi,
Voi merge sperand inainte,
Nu voi privi nicicand-napoi.
Nu voi mai spune dulcile cuvinte.

In valul vietii ma voi arunca,
Fara sa stiu sau sa gandesc,
De viata mi se va schimba,
Ce va mai fi, cum sa traiesc.

Vreau sa-mi spui

Cate stele sunt pe cer,
Le-ai mai numarat?
S-au pierdut si uite pier,
De cand le-ai uitat.

Era una, cea mai mare,
Care ne urma,
Si sta cocotata-n vale,
Era steaua mea si-a ta.

Cate stele minunate,
Le-am pierdut, au disparut,
Tie ti le-as pune toate,
Noaptea intr-un asternut.

Vreau sa plec

Vreau sa plec,
Dar gandul catre tine ma intoarce,
Si pasii ma petrec,
Spre tine si nu vor sa plece.

Vreau sa fug,
Dar fuga mea-i spre tine,
Si mereu, mereu ma-ncurc,
Nu mai stiu unde-mi este bine.

Vreau sa scap,
De-o dragoste bizara,
In care ma complac,
Si care-ncepe sa ma doara.

Unde sa plec, sa fug,
De-o inima ce-mi cere,
Sa tin o dragoste pe rug,
Si sa ma-mbat de-a ei placere?

Stefania Rotariu

Zambetul meu

Zambetul meu te-a fermecat
Si ti-a adus fiorii care,
Te-au cuprins, ti-au sfartecat,
Aripile-ti calatoare.

Voiai in graba sa te-ascunzi,
De dragostea stapanitoare,
In intuneric sa te-afunzi,
Acolo nu-i nimic si nici nu doare.

Stefania Rotariu

Ziua se naste

Ziua se naste,
Sub privirile-mi incetosate,
Iar ochii plini de astri,
Pastreaza imaginile din noapte.

Si stau privind ziua furtunoasa,
Ce-aduce nori si-o ploaie sumbra,
Si bate, bate galagioasa,
In geamul care sta sa-l smulga.

Ma cuibaresc adanc in pat,
Nu vreau s-ating podeaua,
Si corpul sta infrigurat,
-Nu mi-am baut cafeaua!

E-o zi? Nu, e doar o drama!
Din pat de-am sa cobor,
Cine-mi va da in graba,
Un mic, doar un mic ajutor?

Sunt singura si singuratatea,
Ma paste uneori,
Imi spune sa imi caut partea,
Chiar pentr-un mic, un mic ajutor.

Stefania Rotariu

Zi dupa zi

Zi dupa zi orele gonesc,
Si-n fiecare clipa,
Nu stiu ce fac, de ce gandesc,
La dragostea mea pierduta?

Si tristetea-ncet coboara,
Peste-o inima ranita,
Cu sarutul ei de-odinioara,
Inghetat pe-o buza pecetluita.

Simt atingerea fugara,
Peste corpul incercat,
De-o senzatie bizara,
Ce a fost si a plecat.

Este timp destul in urma,
Ce mai cauta acum,
Si de ce vrea sa m-ajunga,
N-a facut destul?

Stefania Rotariu

Stefania Rotariu

www.ingramcontent.com/pod-product-compliance
Lightning Source LLC
Chambersburg PA
CBHW071228080526
44587CB00013BA/1541